誰でも身につく
昇任試験論文の書き方

第1次改訂版

地方公務員昇任試験問題研究会 [著]

学陽書房

第1次改訂版刊行にあたって

　もっとビジュアルでわかりやすく伝えられないか。このような思いから、本書を刊行したのは平成21年のことです。おかげさまで本書は、たくさんの昇任試験受験者の方々に迎えられ、以来7年にわたり版を重ねることができました。

　この間に東日本大震災が発生し、少子高齢化の進展など社会も大きく変化しています。そこで、本書に収録した事例や年表などの更新を図るとともに全体を見直して、第1次改訂版として発刊することとしました。

　昇任試験を受験する職員に論文試験の指導をしていますと、論文試験を勘違いして捉えている職員がかなり多いことに気づかされます。みなさんの中にも、論文試験は「模範論文を暗記すればよい」と思っている方はいませんか。過去の合格者から引き継がれた、いわゆる「合格論文」や論文本の「模範論文」をまねて書けばよいと教えられた方がいるのではないかと思います。そのような取り組み方では、新しいテーマが出るたびに暗記する論文を増やさなければなりません。同じテーマが出ることはまれなため、方法論を変えない限り合格はおぼつかないものとなります。

　たまたま合格しても、昇任後に物事の考え方などが身についておらず、上位の職にふさわしくない職員が拡大生産されていくことになります。失礼ながら、周りの上司でそのような方を目にしませんか。

　かくいう私も、恥ずかしながら係長昇任試験を受験するときには大差ない状況でした。その後、管理職試験のときに時間のない中でいかに論文を作成するかを考えました。そしてあみ出した論文作成方法（パズルメソッド）を作りました。その後、この方法論により、後輩職員を指導し成果を上げることができましたので、みなさんにもお伝えしようと考え、この本を書くことにしました。

　この本は、以下のような方には特にお薦めできるものと思っています。
　①初めて論文に取り組むことになり、どうしたらよいのか全く分からない方。
　②何年間か論文に取り組んできているが、「どのように書いたらよいかいまだにつかめない」と思っている方。
　③「本番で違ったテーマが出されたときにどのように対処したらよいのか」

に悩んでいる方。
④何年間か試験を受けてきたが、合格圏に届いているのか実感できない方。
⑤今まで何冊かの論文本を読んだが、自分とは合わないと思っている方。
　以上のような方の場合は、この本で、あなたの"論文観"が変わるかもしれません。
　本書を執筆するにあたり、3つの観点を盛り込んでみました。
　第1に、昇任試験を受験する職員は、日々忙しい中で試験に向けて時間をつくって学ばなければなりません。創意工夫して勉強時間を捻出していることと思います。そこで、**まとまった時間が取れなくても、論文をパーツごとに作成し、ジグソーパズルのように組み合わせて論文全体を作る方法**（パズルメソッド）をお伝えします。この方法により、細切れの時間でも、有効に活用できるようになります。合わせて、論文作成の過程をビジュアル化しました。
　第2に、論文を書く訓練は、仕事にも大変役立つという点です。ただ模範論文を暗記すればよいわけではなく、論文試験を通じて、論理構成、課題をどう捉えたらよいか、物事の捉え方、考え方など**昇任後にも活かせる知識、方法を身につけられる**ように考えました。
　第3に、私が係長の昇任試験を受ける際には、アドバイスしてくれる方が周りにいませんでした。また、他人からアドバイスをもらって試験を受けるという職場風土もありませんでした。暗中模索して、論文の本を参考にしながら書いた次第です。読者の中にも、同じ環境の方がいるかもしれません。**たとえアドバイスしてくれる方が近くにいなくても、自分の論文を第三者の目で客観的に読み、自分自身で修正する方法**についても記述しました。
　試験はみなさんの公務員生活での1つの通過点です。試験が目的化してほしくありません。昇任後に、みなさんの自治体で論文作成のエッセンスを活かして活躍できる、「考える職員」「説明責任を果たせる職員」「困難に挑戦できる職員（チャレンジする公務員）」であってほしいと願っています。
　本書がそのような職員として活躍するための手助けとなれば、私自身にとっても望外の喜びです。
　みなさんの論文作成の一助になることを願っています。

　平成28年4月

著　者

目 次

第1次改訂版刊行にあたって —— 3

第1章 論文試験攻略の基礎知識

1 受験目的の明確化 —— 12
2 試験分析 —— 13
　（1）論文試験で求められるもの（試験要綱の確認）—— 13
3 合格枠、競争率について —— 15
4 最近の試験動向 —— 17
　（1）試験パターン —— 17
　（2）試験パターンによる勉強時間の配分 —— 17
5 学習計画 —— 19
　（1）何を学ぶのか —— 19
　（2）スケジュールの作成 —— 19
　（3）パソコンの利用 —— 20
　（4）勉強会について —— 20
6 採点者の視点 —— 22
　（1）論文試験の採点者 —— 22
　（2）採点方法 —— 22
　（3）読んでもらえる論文 —— 23

第2章 機械的論文作成の方法

1 論文はパズルだ —— 26
　（1）パズルメソッドとは —— 26
　（2）レジュメの作成が肝 —— 27

2　パズルメソッドによる論文作成手順 ——— 28
　（1）パズルの概要 ——— 28
　（2）手順の把握 ——— 30
3　テーマへのアプローチ ——— 34
　（1）テーマの捉え方 ——— 34
　（2）キーワードをつかむ ——— 36
　（3）自分の定義を示す ——— 37
4　第1章が大切 ——— 40
　（1）第1章の位置づけ ——— 40
　（2）発想シートの作成 ——— 40
　（3）骨格シートの作成 ——— 43
5　論文作成の主体 ——— 49
6　背景の作り方 ——— 51
　（1）作り方 ——— 51
　（2）書き出しのインパクト ——— 52
　（3）背景の具体例と評価 ——— 53
　（4）資料収集 ——— 55

第3章　課題・解決策表の作り方

1　文字数について ——— 60
　（1）字数制限がある場合 ——— 60
　（2）3章立て論文の場合 ——— 60
　（3）4章立て論文の場合 ——— 61
2　導入文の書き方 ——— 63
　（1）3章立て論文の導入文例 ——— 63
　（2）4章立て論文の導入文例 ——— 64
3　課題と解決策表の作成 ——— 66
　（1）課題と解決策の用意 ——— 66

（2）表作りのポイント —— 67
（3）問題点・課題の抽出の視点 —— 75

第4章　まとめの章の作り方

1　文字数について —— 82
（1）字数 —— 82
（2）書く内容 —— 82
2　書き方について —— 84
（1）まとめのパターン文例 —— 84
3　見出し、小見出しを作る —— 88
（1）見出しはサーチライト —— 88
（2）見出し、小見出しの位置と例 —— 88
（3）見出し、小見出しの作り方 —— 89
（4）作り方の実践 —— 90

第5章　論文作成のための事前準備

1　書くためのルールの確認 —— 98
（1）原稿用紙の基本ルール —— 98
（2）1文の文字数 —— 99
（3）主語と述語の一致 —— 101
（4）専門用語の使用 —— 102
（5）略語 —— 103
（6）略字 —— 104
2　接続詞は「論理性」の近道 —— 105
3　セルフチェック —— 109
（1）セルフチェックを行うタイミング —— 109
（2）内容面と形式面 —— 109
（3）内容面のチェック —— 110
（4）形式面のチェック —— 114

第6章　実際に作成してみる

1　作成の流れ ── 118
2　テーマを決める ── 119
3　発想シートを作成する ── 120
4　骨格シートを作成する ── 122
5　課題と解決策表を作成する ── 124
6　レジュメを作成する ── 126
7　本文を書く ── 128
8　セルフチェックを行う ── 133
9　修正を加える ── 135
10　完成論文として清書する ── 137

第7章　直前対策―修正パターンの把握

1　テーマに合わせる方法 ── 142
（1）どこの箇所を修正するのか ── 142
（2）第1章の修正の仕方 ── 143
（3）用意したテーマと実際に出題されたテーマ ── 143
（4）修正の考え方 ── 145
（5）具体的な適用法 ── 145

第8章　本番対策―実力を出し切る「技術」の習得

1　必ずレジュメを作る ── 158
2　手書きの練習 ── 159
3　本番での心得 ── 160
（1）時間配分 ── 160
（2）「受けに来ている人」と「受かりに来ている人」── 160
（3）見直し ── 161

（4）筆記用具等 ―― 162

第9章　模範論文例

①職員の育成 ―― 166
②効率的な行政運営 ―― 173
③市民に開かれた行政の推進 ―― 179
④地域社会の変化と市政運営 ―― 186
⑤係の組織目標を達成するための組織運営 ―― 193

資料　論文作成のための常識

1　時代を知る ―― 202
　①高齢社会、福祉関係 ―― 203
　②少子化とその取り組み ―― 205
　③民間活力の導入等 ―― 207
2　論文作成に必須の管理理論等 ―― 209
（1）組織論 ―― 209
（2）管理論 ―― 210
（3）職務関係 ―― 214
（4）イメージ図 ―― 215
3　過去の出題例 ―― 220

第1章 論文試験攻略の基礎知識

　この章では、論文試験の性格を知りましょう。その上で、試験に取り組むための心構えを作っていきます。また、論文試験の採点者の視点を知ることでどのように書き進めたらよいかも学びます。

1. 受験目的の明確化
2. 試験分析
   （1）論文試験で求められるもの（試験要綱の確認）
3. 合格枠、競争率について
4. 最近の試験動向
   （1）試験パターン
   （2）試験パターンによる勉強時間の配分
5. 学習計画
   （1）何を学ぶのか
   （2）スケジュールの作成
   （3）パソコンの利用
   （4）勉強会について
6. 採点者の視点
   （1）論文試験の採点者
   （2）採点方法
   （3）読んでもらえる論文

1 受験目的の明確化

　初めて昇任試験を受ける皆さん、または何度目かの挑戦をされる皆さん、あなたはなぜ昇任試験を受けるのでしょうか。受験する目的は何でしょうか。「上司に勧められたからです」と答える方がいたら、それはきっかけにすぎませんね。
　また、「受験目的は、試験に受かること」と答える方。それは間違いではありませんが、試験そのものの目的で、合格した後あなたはどうしたいのかがわかりません。問いを明確にします。なぜ昇任したいのですか。試験は昇任のための関門です。なぜ昇任したいかを明確に答えられなかった方は、もう一度考えてみる必要があるかもしれません。
　受験する目的は人それぞれでしょう。試験に受かって、理想とする上司のような仕事をしたいから。責任を持った立場になって、自分が判断しながら仕事を進めていきたいから。給料を上げて家のローン返済を楽にしたいから。家族に自分が頑張っている姿を見せたいから。管理職試験のために、事前に係長試験を受かっておくことが必要だから。役職を付けて社会的にも認められたいから。未知のステージに踏み込んでみたいから……いろいろあるかと思います。なぜ目的を明確にしなければならないのでしょうか。
　それは、日頃の仕事とは別に、受験勉強をしていると、勉強が苦痛になったり、ふとなぜやっているのだろうと疑問がよぎったりすることがあります。そのようなときに、自分の動機や目的がしっかりしている人は、その場に立ち帰って自分を奮い立たせることができるからです。何となく受験する、勧められたからといって受験する方の場合は、自分自身の中でなぜ昇任したいのかという気持ちをまずは明確にしてください。

2 試験分析

（1）論文試験で求められるもの（試験要綱の確認）

　各自治体とも、試験の前に「昇任試験要綱」が示されるはずです。そこには論文試験で何が考査されるのかが書かれています。単なる受験案内とは違って、大切なヒントが隠されています。一般には、「表現力、論理性、考察力、問題意識、積極性について……課題式により出題する」などと書かれていることでしょう。それぞれの考査項目は何を示しているのか考えてみましょう。

1）**表現力**　基本的な文章の書き方、原稿用紙の使い方などの形式面と文章そのものの表現力を考査するものです。簡単にいえば、「読みやすさ、わかりやすさ」です。
2）**論理性**　文と文とのつながりが論理的に結ばれているか。また、記述されている内容が論理の通ったものとなっているかです。
3）**考察力**　テーマに対する考察が最も重要です。テーマに対してどのように考えるのか。テーマが現在の社会状況の中で、あるいはあなたの自治体の中でどのように評価されているものなのか。その背景や現状から課題となるものは何か。課題に対する解決策も考査の対象です。
4）**問題意識**　これも考察力に近い概念です。テーマが与えられている場合には、与えられたテーマに関する問題点をどのように捉えているかが問われます。テーマが与えられない場合には、今という時代の中で、自治体や自分の組織が抱える問題や課題をどのように考え、わがこととして捉えているかが問われます。

　たとえば、すでに「地方分権」は定着から、さらに新たな局面へと進みつつあります。このような時代の中で、「これからは地方分権に向かって取り組まなければならない」というような一時代前の内容では、問題意識が疑われます。またテーマになりえないような枝葉末節の事柄を取り上げ

てもいけません。

5) **積極性** 主任レベルでは、課題、問題に対してどのように対応していくのかを具体的な過程を含めて論ずることが特に求められています。採点者は、論者の積極性を評価します。主任は、自分で行動して問題解決を図る立場の職位です。それが、「○○を提言する」「○○を説明していく」と口だけ出すような解決策ではとても積極性があるとは受け取られません。自分が主任となって、具体的にどのように動いて、他人に働きかけをしていくのか。主張するし、体も動かすという内容でなければなりません。

以上説明しましたように、要綱には、採点者はあなたの論文を「いくつか提示したポイントで見ますよ」と書いてあるわけです。それに沿った論述をしなければ良い評価は得られないことになります。

3 合格枠、競争率について

　試験要綱には、当該年度の合格予定者数が示されていることと思われます。また、受験動向は、職員向けに情報提供される「庁内報」などの方法で把握できると思います。
　その情報を把握することによって、受験動向に対してどのように対処すればよいかが問題となります。

〈前年度の結果〉
　　・受験者が150人
　　・合格枠は30人の場合

（1）上位者と下位者を2分割する。

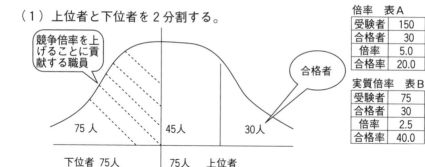

（2）次年度
　昨年度の合格者30人が抜け（新規の受験者を考慮しなければ）、仮に昨年度の上位者45人のうち、30人が合格すれば、倍率は、表Cのようになる。

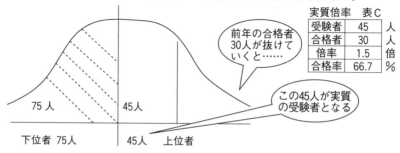

(3) 次年度の予測
実際は前年度の下位者や新規に受験する職員からも合格者が出てくる。

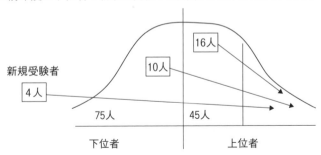

〈次年度の受験者〉

・受験者　150人と想定
・合格枠　30人の予定

前年度合格した30人がいなくなり、新規に受験する職員が30人と仮定し、
昨年の上位者16人＋昨年の下位者10人＋新規の受験者4人＝30人
が合格するとする。以下、それぞれでの実質倍率を試算する。

①昨年度の上位成績者　②昨年度の下位成績者　③新規参入職員

表D

受験者	45	人
合格者	16	人
倍率	2.8	倍
合格率	35.6	％

表E

受験者	75	人
合格者	10	人
倍率	7.5	倍
合格率	13.3	％

表F

受験者	30	人
合格者	4	人
倍率	7.5	倍
合格率	13.3	％

　以上は、あくまでも予測です。前年度の上位にいても必ずしも受かる保証はありません。ただ、前年度の上位者は受験ノウハウをつかんでいるので合格に近い位置にいます。前年度下位者であっても、勉強のし方を知り、波に乗れば合格枠へ入っていけます。ただし、表Dや表Eから、昇任試験は何年も受験しないと合格できないとは考えないでください。勉強方法を確立すれば短期合格を果たすことができます。

4 最近の試験動向

（1）試験パターン

　昇任試験の場合、論文試験だけで合否を決めることはまずないと思われます。論文を含む場合には、以下のようなパターンが考えられます。

パターン	試験の組み合わせ
A	人事評価＋論文試験＋択一試験＋面接試験
B	人事評価＋論文試験＋面接試験
C	人事評価＋論文試験

　まず、昇任試験では、A～Cのようなパターンが考えられ、それぞれの項目ごとに評価し、それを総合評価して合否を決めていきます。ここで、すべてに共通しているのが人事評価です。人事評価は試験ではありませんが、これが評価においての基礎点となります。まず、日頃の職務に対して一定の評価を受けていなければそこで差がついてしまいます。日頃の職務もしっかりとこなし、高い評価を得られるように努力してください。

　次に、最近の傾向として、昇任試験を受けて、あえて責任の重い上位職に就かなくてもよいと考える人や1、2度受験してすぐにあきらめてしまうという職員も増えており、相対的に競争率が下がっています。受けてほしい人材が受験しないという現象も顕著になってきているようです。その点を考慮して、自治体は負担を軽減して受験者数を増やす方策を採ってきています。そのため、今までAパターンであったが、Bパターンにするなどの制度の変更例も増えています。

　さらに、人物重視として面接のウエイトを高くしている自治体も見受けられます。

（2）試験パターンによる勉強時間の配分

　論文試験に択一試験も併用されている場合には、勉強時間をどのように配

分したらよいのか迷う方もいることと思います。択一試験は、ある程度勉強してくると差がつきにくくなります。全問正解するのが理想です。しかし、そのような正解率を出すためには、細かい論点までしっかり勉強する必要があり、そのために要する時間は、膨大となり過ぎます。択一試験での時間と点数の関係は、下図のような関係です。

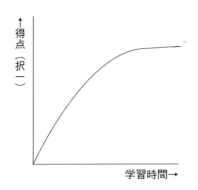

　択一試験は、一定の点数までは、時間をかければそれに比例して正解率も上がっていきますが、その先は、時間をかけてもそれに比例するように点数を上げることは困難です。一定以上のレベルになると「時間に対する費用対効果」が薄くなります。択一試験だけが受験科目であれば、たっぷりと時間をかけてもかまいませんが、論文がある場合には、そのような時間のかけ方は得策とはいえません。

　よって、8割の正解率を目指して、結果7割程度ができるような時間のかけ方でよいと思います。

5 学習計画

(1) 何を学ぶのか

論文は何を表現するのでしょうか。答えは論者の主張です。論文は知識を披瀝する試験ではなく、一定の知識を前提としながら論者の考えを述べるものです。ただ、そこには基本的な知識として以下3つが必要となります。

> ア　テーマ、論述内容の時代感覚
> イ　管理理論
> ウ　文章作成の基本的な作法

一口に論文を書くといっても、いきなり書けるものではありません。書けたとしても、それは文章としての外形ができているだけで、内容の伴ったものにするには段階を踏んで取り組むことが必要です。管理理論の裏打ちがない論文や、10年前の論文を丸写ししたような時代感覚のない論文では意味がありません。当然ながら、そのような論文は評価も低いものとなってしまいます。

さらに、文章作成の基本的な作法を知らずに書かれていれば、稚拙な印象を受けます。ア～ウの事項はいずれも本書に網羅されております。本書を読み込んで、前提となる知識を確実に自分のものにした上で書いてください。

(2) スケジュールの作成

論文は事前に何本用意するのかによってスケジュールの組み方が変わってきます。

たとえば、「課題もの」「管理もの」「専門職向けのもの」と分かれている場合などでは、最低2～3本は用意してほしいと思います。「管理もの」や「専門職向けのもの」は同じようなテーマが繰り返し出題されていることもあるでしょう。また、課題ものは、首長が強力に推し進めている政策や自治

体内で課題になっていることなどから出される可能性が高いといえます。

　本題のスケジュールですが、論文のために毎日時間を取れるのか、土日のまとまった時間の中で取り組むのかによっても違いますが、**論文を1本完成させるのに少なくても1か月前後はかかると思ってください。**択一試験の勉強と併用となれば、論文だけに多くの時間を費やすことは難しいと思います。まずは、テーマを決め、レジュメ作りに取りかかり、レジュメができた後に、文章としての論文を書きます。それを何度か推敲して完成させていくイメージです。しかし、自分でできたと思っても、上司などに読んでもらうと必ず修正が入りますので、さらに時間が必要です。完成後には、テーマに合わせて臨機応変に修正できるようにしたり、実際に書く訓練なども必要となりますので、試験日の5か月前位からはスタートを切りたいものです。

　前ページ（1）で「何を学ぶのか」で述べたとおり、前提としての知識も必要となりますので、1本目の完成は、2か月かけるくらいの余裕をもってスケジューリングしてください。2本目、3本目と進むにつれて時間は短縮されていきます。

　ただし、5か月をすでに切っている場合でも、取り組み方次第です。その時点であきらめたりする必要は全くありません。

（3）パソコンの利用

　本書で示すパズル式の論文作成技法は、パソコンを大いに活用して取り組んでください。レジュメや論文構成シートなどは、あらかじめフォーマットを作っておきます。作成が済んだら、それ以降はそのフォーマットを用いて、作り上げたレジュメ等は保存しておいてください。そうすれば、読み返して直す必要があれば、簡単に直せます。手書きはよいことですが、論文の構成は、論文の骨子となるレジュメを固めることが大切です。何度も直せるようパソコンを活用するのが効率的です。手書きに移行する時期については、「第8章―本番対策」で述べますのでそちらを参照してください。

（4）勉強会について

　昇任試験のための勉強会が身近にある場合に、その勉強会をどのように活

用するかを考えます。実績ある勉強会や過去に多くの合格者を輩出している勉強会の場合には、さまざまなノウハウを得ることができるメリットがあります。しかし、勉強会によっては、集まって択一の問題をただ解いていたり、論文を書いても、指導者から適切な指摘が受けられないようなところもあります。択一試験は、所詮一人で解かなければなりません。また、勉強が進み自分のペースができてくると、勉強会と自分のペースが合わないことも出てきます。その点を踏まえ、択一と論文とで不得意なものだけ勉強会を活用する方法などもあります。要は、自分の都合やペースに合わせることです。

　自分にプレッシャーをかけるだけの勉強会では、苦痛なだけです。自分に合っているか、勉強会の利点を生かせるかを確かめた上で、参加するかどうかを決めるようにしましょう。以下に、勉強会の長所・短所をまとめてみましたので参考にしてください。

	長　所	短　所
すでにある勉強会に参加する場合	①過去の問題や論文に対する対策などのノウハウが得られる。 ②講師に疑問を聞いたり、質問をしたりすることができる。 ③他の受験生のペースが分かる。 ④人脈を広げることができる。	①他の受験生のペースに惑わされることもある。 ②その勉強会の独特な方法論やあまり効率的でない方法を踏襲していることがある。
受験生同士で立ち上げる場合	① 他の受験生のペースが分かる。	①ある程度できる人にとっては、新しい情報が得られない。 ②行うこと自体が目的となりやすい。

6 採点者の視点

(1) 論文試験の採点者

　採点者は誰でしょうか。一般には、当該自治体の管理職が務めることが多いようです。採点者は、基準に即して採点しますが、管理職が採点者を務める場合にはどのような傾向が出るのでしょうか。

　まず、自身が採点した受験者が合格した場合に、係長、主任として自分の部下となる可能性があります。そうなった場合、**自分の部下としてその役割をしっかり担ってくれるのか、部下として使いたい人材となり得るのか**と考えます。その点で、評論家タイプ、腰の重いタイプ、率先垂範しないタイプの職員は部下にしたくないと考えます。

　次に、今まで行ってきた当該自治体の施策を安易に批判する職員を快く思わないでしょう。管理職は、それぞれの部課で責任を持って施策を進めている立場にあります。施策を立案し、調整しながら事業化に漕ぎつけ、それを執行しています。既存の施策はそれぞれの過程で苦労して産み出してきたものであるため、それを安易に批判することは避けたほうが無難でしょう。採点者は、みなさんの論文上からそのような点が見えていると高い点をつけてよいものかどうか、躊躇するかもしれません。

(2) 採点方法

　論文試験の採点方法は、択一試験の採点のような単純明快なものではありません。そこで、できるだけ客観的に採点すべく各自治体ともに工夫をしていることと思います。

　一般には、テーマへの考察、論理性、積極性、表現力などの考査項目ごとに基準点を設け、加点・減点していく方法が採られていることと思われます。その中でも特に重要視されるのは、合格者となり得る上位者の採点です。ここでは誤差により、合否に影響が出てきますので、慎重に採点がなされます。

当然ながら、採点者が１人だけでは恣意的になるため複数の採点者によって行われることが多いといえます。複数の管理職が読むと、経験的に、結果として余り差が開かず採点が行われますので、客観性も担保されてきます。このような採点方法ですので、奇をてらった論文よりも、万人に受けるオーソドックスな論文が高得点を得やすいといえます。

　なお、採点方法や評価基準については『地方公務員採用・昇任試験必携―問題作成の技術』（学陽書房）の採点方法の箇所にかなり詳細な記載もありますので、参照してみてください。

（3）読んでもらえる論文

　当然ながら採点者は担当する論文をすべて読みます。ただ、短時間に何十編も同じような論文を読むため、集中力にムラが出てくることもあります。そのような環境の中では、「読みたいと思わせる論文」「読むための条件がそろっている論文」が採点者に読んでもらえる論文といえます。そこには、形式面と内容面の２つの観点があります。読んでもらえる論文を作成するための注意点を以下の表にまとめてみます。

形式、内容	注意点
形式面	①字がはっきり書かれていること（薄いと読みづらい） ②読みやすい字であること ③原稿用紙の正しい使い方ができていること ④字数不足や字数オーバーがないこと ⑤見出しや小見出しがあり、内容が把握しやすいこと ⑥３段式、４段式の論文形式が採られていること ⑦適正かつ正確に漢字が使われていること
内容面	①テーマに即していること ②論理的に書かれていること ③立場（係長、主任という）をわきまえて書かれていること ④具体性があり、活き活きとした内容であること ⑤評論家的でないこと

　字はきれいであるのに越したことはありませんが、字がきれいだというだけで加点されることはありません。また、字がうまくないだけでの減点はあ

りませんが、汚い字で乱雑に書いていたり、小さくて読みづらかったりすると良い印象を持たれません。採点者にストレスを与えないよう心がけてください。

　また、筆圧の弱い方は特に、柔らかい芯の鉛筆やシャープペンシルを使うなどして、はっきりとした字を書いてください。

第2章 機械的論文作成の方法

　パズルメソッドという新たな論文作成手法を提示いたします。昇任試験論文では、第1章が最も大切な部分となります。その第1章を作成するためのツール（発想シート、骨格シート）を紹介します。

1　論文はパズルだ
　　（1）パズルメソッドとは
　　（2）レジュメの作成が肝

2　パズルメソッドによる論文作成手順
　　（1）パズルの概要
　　（2）手順の把握

3　テーマへのアプローチ
　　（1）テーマの捉え方
　　（2）キーワードをつかむ
　　（3）自分の定義を示す

4　第1章が大切
　　（1）第1章の位置づけ
　　（2）発想シートの作成
　　（3）骨格シートの作成

5　論文作成の主体

6　背景の作り方
　　（1）作り方
　　（2）書き出しのインパクト
　　（3）背景の具体例と評価
　　（4）資料収集

1 論文はパズルだ

（1）パズルメソッドとは

　論文試験をもっとも簡単に表現すると、「テーマに沿って、制限字数内で論述をする試験」と説明できます。

　そうは言っても、準備もせずに簡単に書けるものではありません。ましてや当日、試験会場で、初めて見るテーマに沿って論述していくためには、それ相応の準備を要します。論文を書くにあたっての前提となる知識、テーマに対する問題意識や考察、書くためのルールなど、さまざまなものを結集して1つの論文が完成します。受験者の総合力が問われているといっても過言ではありません。

　ここであまりに難しく考えすぎてどこから手をつけたらよいか途方に暮れてしまう方も多いはずです。その方々は、過去の合格論文といわれるものを模倣して書こうという発想をします。また、先輩職員から「論文は、習うより慣れろ」というようなアドバイスを受け、市販本の見本論文を何本か見つけ出し、それを何度も手書きし暗記するということをやりだすわけです。

　しかし、このようなアプローチの仕方では、いつまでたっても自分の発想で考え、筋立てを作り、論述していくことはできません。貴重な時間を勉強に費やすわけですが、その成果が将来の職務に活かされることはありません。

　そこで、みなさんに進める画期的な方法が、『パズルメソッド』です。ジグソーパズルを組み立てたことのない方はいないと思います。まず、ジグソーパズルを作る際には、完成図を確認した上で部分ごとに作っていきます。

　多くの方は、作りやすいところ、絵がイメージできる部分から手をつけるはずです。空や雲、海など周辺のピースが単色で変化のない部分は、だいたい後回しにするはずです。作り始めの段階では、全体のどの部分か分からずに作っていることもよくあります。しばらく作り、絵のまとまりができてくると、絵や図柄同士がつながり、一気に全体像が分かってくるといった経験

はありませんか？　また、ピースの多いジグソーパズルを何回かに分けて、または何日間もかけて作った経験をお持ちの方もいるでしょう。

　そうです。ジグソーパズルは、一部ずつ作ることができ、できた部分は、そのまま取っておき、残りの部分を後から作っても良いのです。このような考え方を論文に応用できないかとして産み出されたものが、「パズルメソッド」です。

（2）レジュメの作成が肝

　今まで、論文作成とは、当然ながら、論文という文章を作り上げることを主眼として進められてきました。パズルメソッドは、「文」を作るよりも、「レジュメ」を作ることに重点を置きます。レジュメができれば、論文も8割は完成したと考えることができます。そして、レジュメの基となる各部分は、個別に作り上げることが可能です。その各部分が、パズルでいうピースに当たります。

　まとめますと、パズルのピースを部分的に作っていきます。ピースが揃ってきたところで、白紙レジュメという型枠に別々に作成したピースをはめ込んで、レジュメが完成します。それを文章として表現していくと論文ができあがります。この方法をとると、隙間時間で、ピース作りができます。忙しい中で試験対策をするみなさんにとっても、有効な方法かと思います。論文を作成することは、論文を書くことでなく、論文のレジュメを作ることとほぼイコールになっていきます。

　このパズルメソッドを自分のものにできれば、論文への苦手意識は、きっと薄らぐはずです。

2 パズルメソッドによる論文作成手順

（1） パズルの概要

「パズルメソッド」の考え方はお分かりになりましたか？ それでは、そのパズルにはいくつのピースがあるのでしょうか？ 次のページに3章立ておよび4章立てのパズルを図示しましたのでご覧ください。

左に「白紙レジュメの型枠」と、右には「型枠に入るピース」を並べてあります。

左図の「白紙レジュメの型枠」は、パズルの単なる型枠ですが、3章立ての論文構成の場合15箇のピースの入れ場所があります。15の箇所は、指定箇所とお考えください。

【第1章の構成イメージ】

15あるピースのうち、各章ごとに見出しで3ピースを埋めます。第1章の2～5のピースは、「発想シート」（41ページ参照）「骨格シート」（46ページ参照）という2種類のシートを作成する中で作ることができます。

【第2章の構成イメージ】

第2章の冒頭導入文は、定型化しているピースです。

次に、8～13までの6ピースは、「課題と解決策表」（66ページ参照）であらかじめ用意しておけるものです。課題と解決策はセットですので、テーマにあわせて、あらかじめ用意した中から3セットをピックアップします。

【第3・4章の構成イメージ】

第3章は、まとめの章で、ピースとしては2つです。

4章立ての場合には、第2章が問題点の指摘、第3章が解決策と章を分離するため、ピースの数が2つ増えます。いずれも論文の枠組みは、さほど複雑なものではありません。この15ないし17のピースをどのように作っていくのかが問題となるのですが、まずはパズルメソッドで論文作成を行うために、この枠組みのイメージを頭の中に置いてほしいと思います。

3章立て　白紙レジュメの型枠

1	
2	3
4	5
6	7
8	9
10	11
12	13
14	15

3章立て　型枠に入るピースの内容

第1章の見出しピース	
背景ピース	現状ピース
小結論ピース	方向性ピース
第2章の見出しピース	第2章の冒頭の導入文
問題点Aのピース	Aの解決策ピース
問題点Bのピース	Bの解決策ピース
問題点Cのピース	Cの解決策ピース
第3章の見出しピース	まとめの章のパターン化されたピース

4章立て　白紙レジュメの型枠

1	
2	3
4	5
6	11
7	12
8	13
9	14
10	15
16	17

4章立て　型枠に入るピースの内容

第1章の見出しピース	
背景ピース	現状ピース
小結論ピース	方向性ピース
第2章の見出しピース	第3章の見出しピース
第2章の冒頭の導入文	第3章の冒頭の導入文
問題点Aのピース	Aの解決策ピース
問題点Bのピース	Bの解決策ピース
問題点Cのピース	Cの解決策ピース
第4章の見出しピース	まとめの章のパターン化されたピース

第2章　機械的論文作成の方法

（2）手順の把握

　次ページのパズルメソッドによる論文の作成手順に沿って作り方を確認しましょう。

　第1番目は、「テーマを決める」ことです。自分の自治体の過去問などを参照しながら、どのようなテーマで書くかを決めていきます。自治体によって多少の違いはあると思いますが、テーマはおおよそ「課題もの」と「管理（職場）もの」に分けられると思います。

　「課題もの」とは、自治体の抱えている課題やその年に話題となっている事柄の中から選ばれるもので、「わが市の観光行政について」「情報開示と個人情報の保護について」というような形で出題されるものです。

　一方、「管理もの」（「職場もの」という言い方もありますが、本書では「管理もの」で統一します。）とは、管理者として取り組むべき人材育成や、職場管理に関する事項がテーマとなります。たとえば、「市民ニーズに応えていくためには個々の職員の能力を高める必要があると思いますが、そのためにあなたはどのような対応をされますか」というようなものです。

　第2番目に、「発想シート」の作成です。「発想シート」は、第1章を作っていくためにキーワードから発想を広げていくためのシートです。出題文をシート中央に書き入れその中からキーワードを抜き出し、なぜそのテーマについて今論じなければならないのかなどについてキーワードを中心に検討していきます。この作業が非常に重要で、ここで十分に時間をかけ、頭を柔らかくして、発想を展開してください。論文のテーマを深く考察することで、しっかりとした第1章を作り上げることができます。

　テーマがどのような形式で与えられるかについて、またテーマとキーワードの関係などについては、本書第2章3「テーマへのアプローチ」（34ページ参照）を読んでください。「発想シート」の具体的な作り方は、本書第2章4（2）の「発想シートの作成」（40ページ参照）に示します。

　第3番目には、「骨格シート」の作成です。「骨格シート」は、文字どおり、第1章の骨格を明確に示すためのものです。「発想シート」の中から、

『パズルメソッド』による論文の作成手順

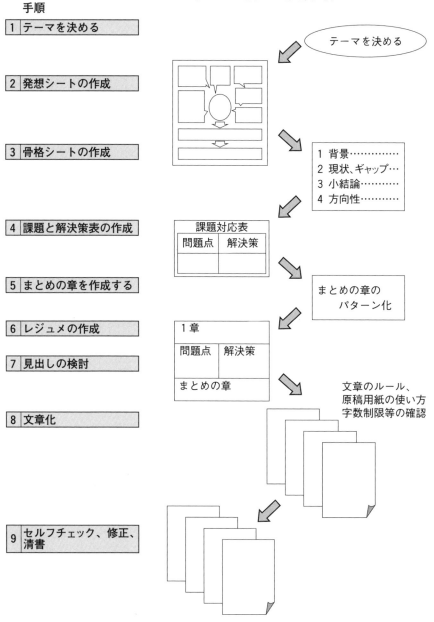

第1章の骨格となる部分を抜き出して作成します。最初の段階ではこの「骨格シート」作りを必ず行ってください。

　ただ、「骨格シート」作りは、「発想シート」から重要部分を抜き出す作業であるため、上達するに従って、「発想シート」から直接、白紙の「レジュメ」に書き出していっても構いません。

　第4番目は、「課題と解決策表」の作成です。「課題と解決策表」は、本書第3章3「課題と解決策表の作成」（66ページ参照）で作成方法につき詳しく述べております。問題点と解決策のセットを多く用意することができれば、テーマを変えて論文を作る際に大変役立ち、パズルメソッドのメリットを大いに実感できてくるはずです。

　第5番目は、まとめの章のパターン化です。ここでは、簡単なパターンを作ります。内容がまだ決まっていない段階では漠然とした形でパターン化しておけば十分です。詳しくは、本書第4章「まとめの章の作り方」を参照してください。

　第6番目には、いよいよ、バラバラに作っていったパズルのピースをレジュメとしてまとめていく作業になります。「レジュメ」は、本書第6章「実際に作成してみる」6「レジュメを作成する」の中で、レジュメへの書き込み方について触れています（126ページ参照）。
　白紙の「レジュメ」というパズルの型枠に、ピースをはめ込んでいきます。「骨格シート」の内容を「第1章」の欄に、「課題と解決策表」で作成したものの中から、テーマに合わせて3つほどピックアップして問題点と解決策欄に記入します。最後のまとめ欄には、パターンの概要だけ書き込みます。

　第7番目には、白紙の「レジュメ」へ各ピースのはめ込みを終えたところで、テーマに沿った論文として流れができているかを確認します。そして見出しを検討し、各章ごとに「仮」の見出しを作り記入しておきます。良い見

出しが思い浮かばない場合には、空欄のまま進めても構いません。論文作成後にふさわしいものを後から作るという方法もあります。

　第8番目は、文章化です。文章化する前に、文章のルールや原稿用紙の使い方などにつき、本書第5章「論文作成のための事前準備」を一読してください。この段階での文章化は、手書きで行う必要はありません。この後、何度か修正していくことになりますのでパソコンで結構です。

　第9番目は、セルフチェック、修正、清書です。いったん書き上げた文章を修正して論文を完成させる工程です。本書第5章3「セルフチェック」に合わせて、確認し、赤ペンなどを使って修正します（109ページ参照）。修正を終えたのち、清書します。この清書もパソコンでOKです。

　パズルメソッドに従って論文を作りますが、できればその論文を上司などに見てもらいアドバイスをもらうとより良いものになるでしょう。

3 テーマへのアプローチ

（1）テーマの捉え方

論文のテーマとしては、以下のようなパターンが考えられます。

型		例　示
1）テーマが与えられる場合	短文型 ①1ワード型	「安心できるまちづくり」「職場の活性化」「行政サービスのあり方」
	短文型 ②2ワード型	A「都市における環境問題」「財政が厳しい中での職員の能力開発」 B「観光と産業」「地方分権と住民参加」
	③長文型	「地方分権が進む中にあって、住民の期待に応えていくためには地域特性に合った施策の展開が求められます。あなたは、係長としてどのように考え対応していくか述べなさい」
2）テーマも作る場合		「仕事における問題点を挙げ、その対応策を述べよ」「専門職の係長として課題と思われることを提示した上で、どのように対応するか論ぜよ」

1）テーマが与えられる場合

①1ワード型　1つのテーマだけが示されます。例示のように「安心できるまちづくり」というような漠然としたことばで示される場合があります。

②2ワード型　このタイプには、A、Bの2つの代表的なタイプがあります。Aタイプですが、「都市における環境問題」としており、「都市における」という限定をした上で、環境問題を論ぜよとしています。このようにある限定を加えた上で論じさせようとしています。この事例をどのように解釈するかですが、国レベルで環境問題を論ずるのではなく、都市においてが前提であり、この場合には当該自治体を想定した上で、論じていきます。

　もう一例の、「財政が厳しい中での職員の能力開発」も同様で、「財政が厳しい中での」という前提を意識して論述する必要があります。

次にBタイプですが、「観光と産業」「地方分権と住民参加」とそれぞれキーワードが「と」で結ばれているため、一見すると並立的に論ずるかのように思われます。しかし、観光と産業では、産業のほうが広い概念であり、観光も観光産業といわれるように産業の一部門です。**観光⊂産業**という関係です。そのような場合、基本的には狭い概念（観光）に重点を置き、広い概念（産業）の視点を含めて論ずることになります。つまり、当該自治体の観光の位置づけ、自治体にとっての観光の考え方、産業全体に及ぼす影響など観光を中心に論ずることになります。

もう1つの「地方分権と住民参加」は、広い・狭いという概念の関係ではありません。一般的に考えれば、「地方分権」という自治体が進めていくべき大きな方向性に対してその手段、手続きとしての「住民参加」という関係になります。地方分権を進めていくためには、税源移譲、国と地方の役割分担、移譲された事務に対する執行体制の確立などさまざまな論点があります。

大きな方向性や目的に対する1つの手段や手続きに関することなので、図式としては、**方向性、目的＞手段、手続き**の関係となります。手段、手続きに関して、地方分権を進める上でどうすべきかを論ずることになります。つまり、地方分権をさらに進めるにあたり、当該自治体の課題から、パブリックコメント制度などの手段、住民参加を進めるための手続き、庁内体制作りなどについて述べることになります。

③**長文型** 例示のとおりかなり親切に書かれています。その文中に、「ここを書いてくださいね」と問題文自体があなたにささやいてくれています。それを見逃してはいけません。この点の捉え方については、「キーワードをつかむ」（次ページ）で詳細に述べます。

2）テーマも作る場合

テーマも作る場合とは、具体的なテーマを与えず、受験者側にテーマの設定も含めて考えさせる方法です。逆にいえば、テーマを自分で用意できるため親切な形式とも取れます。事前準備ができるため、受験者の論文内容の完成度が高くなることが予想されます。ここでは、ふさわしいテーマを定立し

ているかという視点も問われます。すでにおおよそ解決済みの内容や時代にそぐわないテーマを選択した場合は、減点となるでしょう。

例えば、地方分権は一定程度進んで来ている中で、「地方分権の必要性」をテーマとした場合には、時代にそぐわないテーマであるとみなされます。また、東京都の試験であれば、ディーゼル車規制をテーマとすれば、おおよそ解決済みの内容と考えられるので、テーマにふさわしくありません。

（2）キーワードをつかむ

長文問題の場合には、その中にいくつかのキーワードが盛り込まれており、そのキーワードに即した論述をしていくことが求められます。長文の例示をもとに、キーワードを探した上でどのように書いていくかを示します。

> **例示**「地方分権が進む中にあって、住民の期待に応えていくためには地域特性に合った施策の展開が求められます。あなたは、係長としてどのように考え対応していくか述べなさい」

この文中でキーワードを探してみましょう。
ア　地方分権が進む中
イ　住民の期待に応えていく
ウ　地域特性に合った施策
エ　係長として

ア〜エをキーワードとして選びましたが、イの「住民の期待に応えていく」は当然のことですので、キーワードとは扱いません。エの「係長として」も係長昇任試験で求められることなので、論ずる立場を明確にする意味では大切ですが、これもキーワードとは考えません。よって、この出題文のキーワードは、アとウです。

さらに、最も注目しなければならないキーワードは、ウです。「地域特性に合った施策」とはまず何を指すのかを示していく必要があります。また、なぜそのような施策が求められるかの理由は示されていません。そのあたりへの言及も必要でしょう。そして、その背景は、アの「地方分権が進む中に

あって」です。「地方分権がある程度定着してきている中で」という時代背景を見据えた上で述べなければなりません。

加えて、その論述は「一般論としてではなく、現場を預かる係長としての視点で具体性を持って論じてください」と課題文は指し示してくれているのです。どうですか？　親切ですよね。間違っても、地方分権をいかに進めるのかにボリュームを割いてしまったり、係長の視点を忘れ、大所高所からの論文を書いてしまうという愚を犯さないように気を付けてください。

（3）自分の定義を示す

テーマが短文の場合、漠然としたことばで示されることがあります。どのように論じたらよいか、よくわからないと思わないでください。出題者が親切なのだと思ってください。

それはなぜかといいますと、受験者は、論文を用意するといっても完成論文として用意できているのはせいぜい3、4本かと思います。そのような状況をふまえて、テーマへの当たりはずれだけで合否が決まらないように配慮しているのです。漠然としたテーマであれば、特定の内容を示しているわけではないので、解釈に広がりを持たせることができます。ということは、あまりに突飛な解釈やかけ離れたものでない限り、どのようにも解釈できるということです。

多くの受験者は自分の用意してきた「完成論文」の一部を修正して、テーマに合わせることができるのです。ただし、ここで求められるのが、その漠然としたテーマに対して、「自分の定義を示す」ことです。それはなぜか？

漠然としたテーマに対して、私がこれから論ずる内容は、テーマに合致したものであることを示すためです。

以下漠然としたテーマが出された場合には、頭の中で次のような変換作業を行っていきます。

変換過程

変換過程	具体例
漠然としたテーマ	「住みやすい地域を作るためにあなたの考えを述べなさい」

キーワードの選定	「住みやすい地域」とは何かを考える。

自分の用意した論文のテーマ	「少子化と子育て支援」

当てはめ	住みやすい地域＝子育て支援の環境が整った地域
↓ 自分の定義	「私は保育園に勤務しており、市民に長くその地域に住んでいただくためにも、住みやすい地域とは、子育て支援の環境が整った地域だと考える」
自分の論文を生かす	自分が用意した論文で書いていける。

　解説します。「住みやすい地域を作るためにあなたの考えを述べなさい」というテーマが出されました。

　「住みやすい」というキーワードの捉え方は人によって違うはずです。物価が安いことでそう感じるのか、山坂がないことが住みやすいと思うか住民により違ってくるはずです。また、小さな子どもを抱えていれば、自宅近くに公園があったり保育園、幼稚園、子ども家庭支援センターなどの子育て支援施設があることが住みやすさにとっての第1条件かもしれません。他にも、自分の声が行政に届くことで住みやすさを感じる方もいるでしょう。

　つまり、人それぞれであるといえます。そこで、自分の用意した論文を修正して使うために、当てはめを行います。この場合であれば自分なりの定義を加えることで提示されたテーマに合わせることができてきます。

　「少子化と子育て支援」で論文を用意した方は、「子育て環境を整備することで、住みやすい地域を作ることができると考える」という一文を1章のどこかに挿入します。

　また、「住民との協働」というテーマを用意していた場合には、「住民の声

が通る仕組みを用意し、住みやすい地域社会に結びつけることができる」との文を入れます。

> 住みやすい地域＝子育て環境を整備すること
> 住みやすい地域＝住民の声が通る仕組みを用意すること

と自分の当てはめを行います。
　そうすることで「自分の用意した論文で書ける」という流れを作ることができます。自分がテーマに近づいていくのではなく、テーマを自分の論文に引き寄せることです。
　漠然としたテーマの例としては、「住み続けたいまちと自治体」「安心できるまちづくり」「希望の持てる地域社会」なども考えられます。
　このような問題が出されたときには、"しめた！"と思ってください。決して"テーマが外れた"などと思わずに修正を加えてしっかりと書いていきましょう。

4　第1章が大切

（1）第1章の位置づけ
　3章構成、4章構成の論文のいずれにおいても、昇任試験論文における第1章は最も重要な章です。文章量としては1200〜1500字程度の論文での第1章は、およそ350〜400字で論文全体の3分の1、4分の1程度です。
　しかし、その重要性は、その量の比ではありません。極論すれば、ここでつまずくと合格は望めません。第1章は、論文全体の羅針盤であり、この論文という船がどこの港を目指して進んでいくか、すなわちこれから何を論ずるのかを示す部分です。テーマという貴重な積み荷を安全に目指すべき港に運んでもらわなければなりません。海図の方向に合わせて舵が取れればよいのですが、違った方向へ針路をとれば、目的の港へ行きつかないでしょう。テーマに合っていないことをいくら論じても意味はありません。
　試験要綱的にいえば、考察力、論理性がない論文と評価されることになります。第2章以降に素晴らしいことが書いてあっても、それは違う港へ進んでいく過程の航海日誌を見ているようで、空しいだけです。まずこの第1章をしっかりと作り込んで欲しいわけです。

（2）発想シートの作成
　それでは、第1章をどのようにして作っていくかを説明します。パズルメソッドでは、「発想シート」を用意しています。次ページの白紙版をご覧ください。このシートの目的は、テーマが与えられ、その中からキーワードを抽出し、そのキーワードを深く考察していく中で、なぜ今このテーマが示され、何を受け止め、どのように書き進めていくのかなどの整理を行うためのものです。順次書き方を示します。
　第1に、与えられた問題文を(1)の「テーマ」と書かれた中心の円に記入します。長文の場合もできるだけそのまま記入してください。
　第2に、(2)の「誰が取り組むのか」の所には、この論文を書く主体は誰な

パズルメソッド　発想シート（フォーマット）

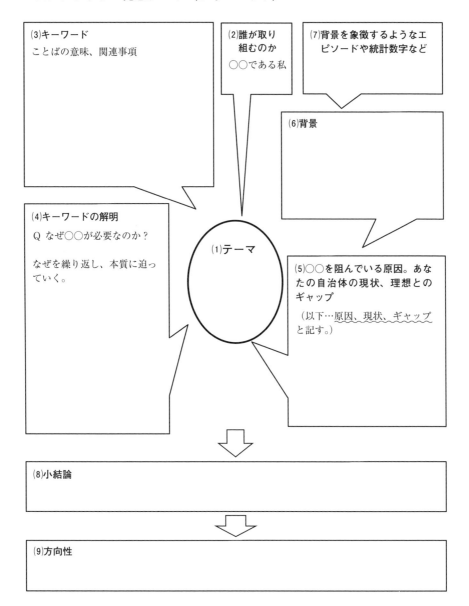

第2章　機械的論文作成の方法　41

のか、昇任論文ではどの職位の立場で書くのかを確認する部分です。自分の受ける昇任試験に合わせ、「課長としての私」、「係長としての私」、「主任としての私」と記入します。

　当たり前のことですが勘違いしている方も少なからずいます。これから試験を受けて課長、係長、主任になるので、「課長、係長、主任を目指す私」と書きたい気持ちがあるかもしれません。しかし、昇任試験は、次の職位に昇格して仕事ができると判断された方を合格させるものであるため、昇任後の職位で論じなければなりません。ここは機械的に書いて構いませんが、その点を十分意識してください。論述する立場に沿って書き進めることが鉄則です。

　第3に、(3)の「キーワード」の欄です。テーマ（問題文）の中からキーワードを抽出し書き出してください。キーワードの意味、意図、関連事項などを書いていき、キーワードの内容を把握します。

　第4は、(4)「キーワードの解明」の欄です。ここは重要になります。(3)欄のキーワードを解明していきます。ここでは、キーワードがなぜテーマとして与えられたのか、キーワードとなることに自治体が対応しないでいるとどうなるのか。「なぜ」を繰り返しながら、自治体、課、係などと結びつけ、キーワードを掘り下げていきます。

　第5は、(5)「○○を阻んでいる原因」の欄です。(4)の欄にキーワードを行うため、または達成することを阻んでいる原因、あなたの自治体の現状、理想とのギャップを探ります。テーマから抽出されたキーワードがうまく遂行されているものならば問題はありませんが、障害となる原因があるはずです。それを記述します。あなたの自治体の問題や職員の意識、慣例などと結びつけ何が原因かを探ります。

　第6です。(6)の「背景」です。現状を踏まえて、その背景となる事象を記入します。現状は表面に現れたものですが、そのような状況が生まれる背景があるはずです。その背景を記述します。

　第7は、(7)「背景を象徴するようなエピソードや統計数字など」の欄です。この欄には、背景が目に浮かぶような状況、事例、統計数字が書き込めるとベストです。ここは、すぐに書けない場合も多いと思います。この欄に

記入できそうなことは、普段から新聞やインターネットで調べるなど情報収集をしておくことを心掛けましょう。

　第8は、(8)の「小結論」です。航海に例えるならば、どこの港を目指すのかを書くところです。今まで記述内容をトータルに捉え、どのような社会、課、係を作っていくのかを示します。第1章としての結論なので、ここを「小結論」と呼びます。テーマと密接に関係付けられた小結論とすべきで、テーマに挙げられる内容を積極的に推進するように記述します。

　第9は、(9)の「方向性」欄です。小結論を達成するために、どのような手段、方法を採っていくのかを示す部分です。ここは、第2章につないでいく部分でもありますので、あまり細かい手段を書かず、方向性、展望という大きな視点で書いてください。

　いかがでしょうか。この発想シートができれば、第1章は、8割程度できたと思ってもらって結構です。ここの出来次第で、練りこまれた論文となるか否かの分かれ目になります。

　初めのうちは、十分な内容、情報量を盛り込めないと思いますが、試行錯誤しながら、各欄を埋めることを考えてください。

　ちなみに、(4)のキーワードの解明ですが、「なぜ」を繰り返すことです。トヨタ自動車では、なぜを5回繰り返し、根本的な原因追及をしていくといわれております。逆にいえば、それくらい繰り返さないと本質には行きつかないともいえます。何度も自分に問いかけてみてください。発想シートをしっかりと作り込むことが、この後の第1章の柱となる「骨格シート」作りにつながります。

(3) 骨格シートの作成（第1章の4ピース作り）
1) ストーリーを考える

　第1章は、「発想シート」ができれば80％完成、「骨格シート」ができれば90％完成、本文を仕上げて100％となります。

　「骨格シート」とは、「発想シート」から、第1章の骨格にあたる部分を抜き出して4ピースを作る作業になります。その前に第1章には、筋立て、ス

トーリーが必要であることを理解してもらいます。ストーリーがあることで試験官に論旨が通っていることが伝わり、スムーズに読み進めてもらうことができます。プレゼンテーションの場でもストーリー性をもって話すことが多くなってきています。

たとえば、「職場の活性化」がテーマとして出された場合に、第1章としてどのような筋立て、ストーリーが考えられるでしょうか。

まず、第1章で書くべき内容は、
① テーマに対する背景
② 現状での問題点・課題
③ ②を受けて「職場の活性化が必要だ」という結論
④ そのために、「職場の活性化」をどのような方向で進めていくか

という4ポイントが必要になります。具体的な内容をこの筋立てに沿って、以下のように作成していきます。

---

① 住民の価値観は多様化してきており、行政へのニーズも高度化、複雑化している。
② 行政は今までどおりの業務執行を続けており、新たなニーズへの対応が不十分である。
③ 新たなニーズにも弾力的に対応できる態勢作りのために、職場を活性化していくことが求められる。
④ そのためには、職員の意識を変え、能力の向上を図れるよう人材の育成に力点をおいた係運営を行っていく。

これは簡単な例ですが、このような流れ、ストーリーを作ることができると思います。文章として論文にする際には、さらに肉付けされ、文同士をつなぐ接続詞などへも配慮しながら作成することになります。

ある程度勉強の進んでいる受験生であればこのようなストーリーを頭の中に描くことができてくると思います。しかし、これから論文の勉強をしようとする皆さんには、すぐにそうはいかないと思います。そこで、次に大きな

柱立てのし方を学んでいきましょう。

2）4ピースの作成
　①背景　→　②現状の把握、問題点・課題、ギャップの発見　→
　③小結論（課題解決の取り組み）　→　④方向性
以上が4ピースなります。簡単な構造を示します。

柱	柱立て	例　示
1	背　景	行政へのニーズも複雑、多様化している。
2	現状の問題点	新たなニーズへの対応が不十分である。
3	結　論	①職場を活性化して、新たなニーズにも弾力的に対応できる態勢作りが必要となる。 ②新たなニーズにも弾力的に対応できるよう職場を活性化していく必要がある。
4	方向性	人材の育成に力点をおいた係運営を行っていく。

　論文は、現状を把握した上で、課題を発見し、課題に向かって取り組むことにより、さらに良い行政を執行していく。この一連の過程を述べるわけですが、結論部分はテーマに示されていると考えることができます。とすれば、結論を迷うことなくテーマから導きパズルとして当てはめます。結論部分はいくつかのバリエーションがあり、ここでは2つの書き方を例示しました。

3）結論から作る流れ
　バリエーションの話をしましたが、「職場の活性化」がテーマとして出された場合には、結論は「職場を活性化していく」ことを考えるしかありません。とすれば、流れは以下の2つが考えられます。

①現状の中に問題点があり、職場を活性化しその問題点を解消していく。
②現状でも一定のサービスを提供しているが、より良いサービスを提供するためにさらに職場を活性化していく。

この２つのうち、①は、現状に問題点（マイナス面）があり、それを解決してもサービスのレベルが高くなるわけではありません。②は、現状からさらにより高いレベルを目指すもので発展的であり、前向きに捉えている印象を与えることができます。

　さて、次ページの「骨格シート」を作る上で大切になるのがその作成手順です。なぜ大切かは、２つの理由があります。１つは、小結論は、論文のテーマとして与えられるものなので、結論を中心に作ることになります。それによりテーマからずれない論文にすることができます。２つ目は、結論を作り、次に方向性を作ることで、第２章に自然につなげられること。また、結論と現状、問題点等に齟齬が生じず、論文を作成する上で手戻りを起こさないためです。

４）骨格シートの作成

　具体的な作成方法に移ります。先ほども触れたとおり、「骨格シート」は、「発想シート」から、柱になる部分を抜き出して、４つのピースに、ことばないし文章をはめ込む作業です。その際に、作成の手順が重要なポイントとなります。

> 作成手順

①小結論のピースへの挿入

　テーマに関して、一定の結論を付して記述する箇所です。テーマとして与えられた内容を変形、修正してこの欄を埋めていきます。語尾の特徴として、「することが重要（大切）となる。」、「していく必要がある。」というようなことばが使われることが多くなります。

　この欄には、「発想シート」の(8)小結論の内容をそのまま転記することになります。

　例示すると、「高齢社会を迎えた本市の職員の育成」がテーマであれば、「高齢社会に即した職員を育成していく必要がある。」というように書くことになります。

②方向性のピースへの挿入

　このピースには、小結論をいかに実現させていくかの方向性を書き入れていくことになります。また、第2章への橋渡しとなる部分でもあります。冒頭に、「そのためには」という接続詞を補い、小結論を達成していくために、どのような方向性を持って取り組んでいくのかを表現してください。

　このピースも、「発想シート」の(9)方向性欄の内容をそのまま転記することになります。例を挙げてみますと、①の小結論で「高齢社会に即した職員を育成していく必要がある。」としたならば、方向性は、「高齢者の特徴、活動傾向、新たな志向を学び、事業に取り入れて動ける職員の育成を目指す。」というような内容が考えられると思います。

③現状、分析、ギャップのピースへの挿入

　このピースを埋めるためには、小結論から遡って書く、逆算して書くという意識が必要です。小結論にとって何が障害となっているのか、現状で何が不足しているのかという視点でも結構です。

　そのため、「発想シート」の(5)「○○を阻んでいるもの」の欄の内容の中から、論文に活かせそうな内容を選択いたします。

④背景のピースへの挿入

　背景ピースも、問題点・現状欄からの逆算をいたします。問題点として書かれたことの背景は、何なのか。なぜ問題点が生まれているのか。そのような点から思考し、背景としてどのような内容がふさわしいのかと考えてください。このピースは、「発想シート」の(6)の「背景」欄か(7)の「背景を象徴するようなエピソードや統計数字など」の欄の内容を選択して記述します。

　また、上級を目指すためには、(7)の方が印象的に読んでもらえるものと思います。前述しましたが、普段から、アンテナを立てて、社会的な出来事やニュースなどをマスコミ等から収集しておきましょう。

骨格シート

背景のピース（作成順④）

現状、分析、ギャップのピース（作成順③）

小結論のピース（作成順①）

方向性のピース（作成順②）

（そのためには）

5 論文作成の主体

　発想シート作成の中で、特に意識してもらいたいのが（2）「誰が取り組むのか」です。発想シートの（2）欄にはテーマの内容について誰が取り組むかを明確に意識するため、各昇任試験に合わせて「○○である私」と書くこととしています。具体的には、以下のように記述します。

```
管理職試験の場合………… 「課長である私」
係長試験の場合…………… 「係長である私」
主任試験の場合…………… 「主任である私」
```

　なぜこのようなわかりきったことをあえて書く必要があるのかと疑問を持つ方がいると思います。この欄に記入することで、その立場で論文を書くことを常に意識してほしいと思っているのです。
　当然のことですが、昇任試験を受ける受験者のみなさんはまだその上位職に就いておりません。しかし、受験者の書く立場は、管理職試験であれば管理職として、係長試験であれば係長の立場で、主任試験であれば主任の立場で、書かなければなりません。そうすることで、受験者が上位職になってもその任務を果たせることが証明されるからです。
　そうはいっても、現実はその立場になっていないため、どうしても今の職位の立場で書いてしまうことがあります。そのため、発想シートを作るたびに必ず昇任後の立場で書くということを意識していただきたいのです。
　具体例を示します。
　A市の税務課の窓口を想像してください。ある市民が「払う意思がなかったわけではないのになぜ給与の差し押さえをしたんだ！」と大きな声を上げていたとします。それぞれのポジションで対応の仕方が変わってくると思います。
　主任の場合であれば、まず落ち着かせた後、じっくりと市民の話を聞き、

第2章　機械的論文作成の方法　49

ていねいに説明をしていき、その市民が帰られた後に係長に報告するという対応をすることでしょう。

係長であれば、主任で対応できるか、自分が出ていくほうが良いのか、その場合のタイミングを図ること、また他にも窓口にお客様がいる場合であれば、その影響を考え、説明を別の場所に移すかなどを判断することもあるかと思います。

管理職の場合には、直接窓口に出て対応することは稀でしょうが、そのような窓口でのトラブルがあった内容の事後報告を受け、係長会で、差押処分のタイミング、マニュアルの整備状況などを確認し、適切な執行とトラブルの未然防止などを徹底していくことになると思います。

このようにポジションによって、対応の仕方が変わっていくことを論文上でも表現しなければなりません。繰り返しますが、昇任後の立場になって書く。このことを常に意識してください。

 **主体によって対応は違う（窓口業務）**

○主任　　市民対応→係長へ報告

○係長　　対応担当者の調整、対応の確認、市民の誘導の判断

○管理職　事後報告→マニュアル化、トラブル防止策の指示

6 背景の作り方

　発想シート、骨格シートの中で、第1章の書き出しに直結するのが、「背景」です。

（1）作り方

　背景は、発想シートの（5）「○○を阻んでいる原因。あなたの自治体の現状、理想とのギャップ」から逆算する形で作っていきます。

　論文作成上、背景という概念として使われている内容には、2種類あると思います。

	内　容	例　示
1	これから論じていく内容の背後にある社会的な現象を表したもの。※1	①価値観の多様化や生活スタイルの変化などにより、市民ニーズに変化が見られている。 ②地域全体で担っていた子育ては、核家族化の中で親や家庭だけが任うこととなってしまった。
2	上記の社会的な現象などを端的に示す事実、住民の声、エピソードや統計的な数字を示すことにより、背景となる状況をあぶり出そうとするもの。※2	①○○市の窓口開設時間が、9時〜19時までになって5年目を迎えた。 ②土日勤務の保護者から、「日曜日も園を開けて欲しい」と求める声が年々増えてきている。 ③全国の児童相談所で受け付けた虐待相談が年々増加し、8万件を超えるまでになった。

※1　自治体が、施策を形成する場合、住民の声やライフスタイルの変化を受けて、現状のサービスでは合わなくなってきたので、改善・改革をしていくという流れが出てきます。その社会的な事実や事象が背景となります。

※2　エピソードやある事柄を象徴する数字などにより、社会的な背景をあぶり出せれば、背景を説明するよりも効果的です。採点官も具体的な例示に興味をひかれるはずです。

　みなさんが取り組むことは、（5）「○○を阻んでいる原因。あなたの自治体の現状、理想とのギャップ」から背景を導き出してください。

（2）書き出しのインパクト

　論文の第1章は、論文のできを端的に示す部分です。さらにその冒頭は読み手に第一印象を与える箇所で、唯一幅広い表現が許されるところでもあります。同じような論文を数多く読む採点官に良い印象を与えるためにもインパクトのある書き出しの工夫をしたいものです。

　以下に、背景の表現の仕方とその事例を示します。どのように書き出していくのかを学んでください。

①社会現象やニュース事例を提示する方法

> **例示**
>
> 　巨大津波に根こそぎ流される家や車、辛うじて逃げたビルの屋上で助けを待つ被災者、東日本大震災の映像は時間が過ぎても目に焼き付いている。

②社会現象を示すエピソードや象徴的な場面を提示し、印象深く迫る方法

> **例示**
>
> 　羽田空港のビル内に、家電量販店が出店する計画が発表された。中国人観光客などが帰国前に「爆買い」することを見込んでのものと思われる。訪日外国人が予想以上のペースで増加している。

③統計的な数字等により、社会的な背景を象徴しようとする方法

> **例示1**
>
> 　平成27年に訪日した外国人は、1974万人となり、前年に比べ約500万人も増加した。観光を標榜する自治体にとっては好機となっている。

> **例示2**
>
> 　平成26年度内に全国の児童相談所が対応した児童虐待の件数が、前年を大きく上回り8万8931件となった。平成12年度が1万7725件であり、14年で5倍にもなりその深刻さを物語っている。

④歴史上の人物、著名人、住民などが発したことばをきっかけに話を展開していく方法

> **事例**
> リッツカールトンホテルのアンバサダーが、「お客様の期待を上回る感動を与えたい」と語っていた。顧客ニーズの上を行くサービスへの取り組みである。

⑤ビジュアルや色彩表現を加え、イメージにより印象づける方法

> **事例**
> ①一面が緑の絨毯に変わった。○○市で初めて導入された校庭の全面芝生化である。
> ②緑の絨毯に白い体操服が映える。芝生化された校庭で子どもたちが元気に体育の授業を受けている。

（3）背景の具体例と評価

　書き出しでインパクトを与えるようにといくつかの例を示しましたが、インパクトさえ与えればよいと勘違いされては困ります。

　ここでいう、「インパクト」とは、採点官が興味を持って論文を読み進めていくためのインパクトです。表現を過激にするという意味ではありません。

　以下に2つの例を出します。いずれも受験した職員が実際の論文の冒頭に書いたものです。どこに問題があるか、みなさんも考えてください。

> **具体例A**
> 少子化の進行やニートの増加に歯止めがかからず、親殺しという痛ましい事件が後を絶たない。このような社会情勢の中で、市民は安心して暮らせるまちの実現を望んでいる。

第2章　機械的論文作成の方法　53

解説 確かにインパクトという点で考えると、「親殺し」という過激な表現に驚かされます。はたして、その表現が昇任試験の論文にふさわしいものでしょうか。論者は何を伝えたいのでしょうか。

2文目から推測すれば、1文目は、「安心して暮らせないまち」の例示として使われていることがわかります。それでは、行政が担う「安心して暮らせるまち」とは、警察が達成すべき安心とは質の違うものです。たしかに防犯面では広報活動など一部業務が重なることはあっても、殺人事件を解決することは警察の業務となります。

また、当時何件か子が親を手に掛けた事件はありましたが、後を絶たないほど起こったとはいえません。さらに、少子化の進展やニートの増加と親殺しがどのように結びつくのかその関係は不明です。「風が吹けば桶屋が儲かる」式の安易な結び方と思われてしまいます。インパクトを与えたいとする気持ちが強すぎ、論理性の希薄な文章となっています。

次の例は、保育園で実際に起こったある場面を切り取って表現したものです。もう一工夫できないか考えてみましょう。

> **具体例B**
>
> 先日保育園で集会があった際、1人の園児が興奮してしまい、終始大声を上げていた。様々な子どもに合った接し方が必要であり、保育士の専門性を高めていくことが求められている。

解説 最近の保育園は、障がい者を受け入れているところも増えていると聞いています。集団活動になじめないお子さんもおり、このような事例も起きています。

この例の1文目は、園行事で起こった事実をそのまま表現したものです。ここでは、「集会」と表現していますが、みなが静かに話を聞く会なのか、元気に声を上げてもよい会なのか不明です。具体的にどのような会なのかは書かれておりません。また、その子に対して保育士はどのように接したのか、うまく接することができたのならばすぐに専門性を高めることにつなげなくてもよいはずです。そこで、一部修正を加えてみました。

> **修正例①**
>
> 　先日保育園で七夕の会があった際、興奮してしまい、終始大声を上げる子がいた。静かにするよう諭しても、その子に上手に伝えることができなかった。さまざまな子どもに合った接し方が必要であり、保育士の専門性を高めていくことが求められている。

　七夕の会とすることで具体化され、イメージが湧いてきました。また、保育士が諭してはみたものの、うまくいかなかったことがわかります。さらに修正した例を示します。

> **修正例②**
>
> 　笹にカラフルな短冊が飾られ、七夕の会が始められた。その際、興奮して、終始大声を上げる子がいた。保育士は、静かにするよういろいろと試みたが、その声を止めることはできなかった。さまざまなタイプの子どもに合った接し方が求められており、保育士の専門性をより高めていくことが必要となっている。

　さらにイメージが膨らむようビジュアル表現を挿入しました。また、「諭す」という表現から「いろいろと試みる」と替えてみました。保育士は専門職であり、幼児処遇の技術はあるはずですが、障がいの疑いのある子や問題を抱えている子などもおり、普通のアプローチだけではうまくいかない例もあるようです。よって、保育士の専門性を高める必要性が納得の得られるものとなったと思います。

　ただし、文章のボリュームが増えました。この後には、専門性を高めるために職員の育成をしていくとする論文だったので、うまく結び付けていくことが可能でした。修正を加える際には、内容面とボリュームにも配慮しながら行ってください。

　このような形で、冒頭に来る文には工夫を施したいものです。ただし、インパクトを与えることは過激な表現をすることではありませんので、その点をくれぐれもお忘れなく。

（4）資料収集

　新聞、インターネットなど、背景となる情報を収集する方法はいくつもあると思います。大事なことは、常に頭の片隅に論文作成のことを考えておくことです。いくらさまざまな情報に接していても、それが素通りしては何にもなりません。ニュースなどに接したときに、論文に活かすという視点があると、「この表現は使える」とか、「このニュースを加工して背景を作ってみよう」ということが閃（ひらめ）いてくるものです。

　特に「管理もの」の論文の場合には、マネジメント、景気、サービスなどがキーワードですので、そのような情報に触れる際には、アンテナを立てて見聞きするように努めてください。あなたのアンテナに引っかかったニュースや統計的な数字は、必ず書き留めるなりして手元に溜めておいてください。それが後々、貴重な資料となり、背景の作成や使える表現として、あなたの論文を輝かせる材料となります。

　さらに、白書も貴重な情報源です。普段なかなか見ることの少ない白書ですが、論文のテーマに関する白書には、必ずと言ってよいほど使えそうなデータが載っています。

　以下に、情報収集に役立つホームページ、白書等を紹介いたします。

　常に「論文に活かせるか」という視点で情報に接することを心がけましょう。

参考

情報収集に役立つホームページ・白書

- **総務省**　www.soumu.go.jp
  総務省のホームページ
- **総務省統計局**　www.stat.go.jp
  さまざまな統計資料が見つかります。
- **内閣府**　www.cao.go.jp
  内閣府のホームページです。このページには「内閣府の政策」→「政策一覧」が紹介されており、そこから「地方分権改革・地方創生」「共生社会」（さらに「子供・若者育成支援」、高齢社会対策などへとつながる）の

ページに進むと、ヒントになりそうな事項が見つかります。
- 東京都庁公式ホームページ　www.metro.tokyo.jp
都庁のホームページ
- 自治体ドットコム　www.jichitai.com
地方自治体のまちづくりを支援するホームページです。自治体データや自治体アンケートなどには興味深いデータが見られます。
- 地方公共団体情報システム機構　www.j-lis.go.jp
ICT、情報システム、情報セキュリティ、マイナンバーなどの分野についての情報が得られます。
- 大阪府立中之島図書館図書館調査ガイド（白書を使って調べる）
www.library.pref.osaka.jp/site/business/guide-hakusho.html
大阪府立中之島図書館が提供しているページ。各種の白書が一覧で示されています。この中から使えそうな白書を探すことができます。論文のテーマに合わせて目を通しておきたい白書を示します。

『少子化社会対策白書』
『地方財政白書』
『子供・若者白書』
『高齢社会白書』
『厚生労働白書』
『環境・循環型社会・生物多様性白書』

課題・解決策表の作り方

　この章では、本論部分として、課題・問題点とその解決策をセットで作る方法を示していきます。パズルのピースとして、それらのセットを多く用意できれば、様々なテーマにも対応が可能となります。

1　文字数について
　　（1）字数制限がある場合
　　（2）3章立て論文の場合
　　（3）4章立て論文の場合

2　導入文の書き方
　　（1）3章立て論文の導入文例
　　（2）4章立て論文の導入文例

3　課題と解決策表の作成
　　（1）課題と解決策の用意
　　（2）表作りのポイント
　　（3）問題点・課題の抽出の視点

1 文字数について

（1）字数制限がある場合

　論文試験では、字数制限として、「1000字以内」「1500字以内」など上限の指定がされる場合と「1200字から1500字」と範囲が定められる場合があります。

　たとえば、「1500字以内」という指定の場合、字数を超えれば当然減点となります。また字数が極端に少ない場合も同様に減点となるでしょう。少なくても字数制限の8割、この場合でいえば1200字は必要と考えてください。

　次に、字数制限で「1200字から1500字」と範囲の指定される場合ですが、その範囲に納まらない場合には、必ず減点となります。それでは、字数制限の範囲内に収まってさえいればよいのかといえば、決してそうではありません。「1200字から1500字」と指定された場合に、1250字で書き上げれば形式的な減点はありませんが、主張すべき内容が十分に盛り込めないでしょう。よって、内容面から減点されると思われます。

　みなさんには、数マス残して終わるまでスペースを埋めてほしいと思います。それがベストです。ただ、論文試験として過不足なく書くということから、指定字数の90パーセントは埋められるようにしましょう。「1500字以内」であれば、行数にして、7、8行が残る程度まではしっかり書ききりたいものです。

（2）3章立て論文の場合

　3章立て論文の第2章は、第1章を受けてテーマを達成するために妨げとなる問題点・課題とその解決策を合わせて記述する章となります。具体的な状況を踏まえた中で生じている2、3の問題点・課題を解決に導き、より良い姿を目指すことを論じていきます。次表が3章立て論文の場合の基本的な字数、行数配分例です。文字数は多少前後しても構いません。

　以下、1500字の場合で説明しますと、第2章を書くのに45行分あるとして

	第1章	第2章	第3章	計
	序論	課題・解決策	まとめ	
配分率	24%	60%	15%	99%
1000字論文	240字	600字	150字	990字
〃 の行数	12行	30行	7.5行	49.5行
1500字論文	360字	900字	225字	1485字
〃 の行数	18行	45行	11行	74行

※ 字数は1000字と1500字、行数は1行20字の原稿用紙を想定しました。それ以外の字数の場合には、表中のパーセンテージを制限字数に掛けて算出してください。

も、第2章全体の見出しや2、3種類の問題点・課題と解決を示す小見出しも入れて書きます。また、第2章の冒頭には、導入文が入ります。合わせて7〜8行は使います。そのため本文が書けるスペースは、37〜38行です。よって、問題点・課題とその解決を3つ書く場合、1つの課題で使えるのは、12〜13行です。2つ書く場合であれば、1つの課題で使えるのは、18〜20行となります。

また、課題・解決策ごとのボリュームは合わせてください。1つ目の課題で、20行使い、残り2つの課題で、各10行ずつというバランスを欠く書き方は好ましくありません。

(3) 4章立て論文の場合

4章立て論文の第2章は、問題点・課題のみの指摘です。続く第3章でその解決策を記述することになります。問題点・課題とその解決策を章ごとに切り分けて書きますので、問題点と解決策が分かれます。レジュメを作る際に、問題点・課題を先に書き、それぞれの問題点に対してどのように解決していくのかという思考の流れを作る方はこの方法が合うかもしれません。

ある程度字数設定のある管理職レベルの論文の場合には、このような書き方を選択される方も多いようです。書きやすさ、好みの問題でもあります。次ページの表が4章立て論文の場合の基本的な字数、行数配分例です。

1500字論文の場合で説明しますと、第2章を書くのに19行を使えるとして

	第1章	第2章	第3章	第4章	計
	序論	課題	解決策	まとめ	
配分率	24%	25%	35%	15%	99%
1500字論文	360字	375字	525字	225字	1485字
〃の行数	18行	19行	26行	11行	74行
配分率	18%	30%	40%	12%	100%
2000字論文	360字	600字	800字	240字	2000字
〃の行数	18行	30行	40行	12行	100行

※　字数は1500字と2000字、行数は1行20字の原稿用紙を想定しました。それ以外の字数の場合には、与えられた字数に近いほうのパーセンテージを制限字数に掛けて算出してください。

　も、第2章の大見出しと2、3種類の問題点・課題と解決を示す小見出しも入れて書きます。また、第2章の冒頭には、導入文が入ります。これだけで合わせて6〜7行は使います。そのため本文が書けるスペースは、12〜13行です。よって、問題点・課題とその解決を3つ書く場合、1つの話題で使えるのは、3〜4行です。2つ書く場合であれば、1つの話題で使えるのは、6〜7行となります。ただし、解決策とのバランスでもう少し量を増やすことも可能です。

　第3章のボリュームは、解決策の記述のために量を多く設定してあります。解決策は具体性を持たせて書くため、ある程度の分量が必要かと思います。配分の考え方は第2章と同じように見出し、小見出し等の分を除いたのち2分割、3分割した分量が本文に当てられる分量となりますので、そのように想定しながら書いてください。

2 導入文の書き方

　第1章でテーマに即して書かれていれば、3章立て論文の第2章はパズルメソッドの方法が実感できる部分だと思います。あらかじめ用意してある「課題と解決策表」のセットの中から選んで当てはめればよいことになります。
　ただ、いきなり「課題と解決策」のセットの文を書き出すわけではありません。3章立て論文の第2章は、第1章を受けて、第2章全体の見出しが入り、導入文が組み込まれます。導入文は、パターン化できますので、以下の例を参考に自分用のものを作ってください。

(1) 3章立て論文の導入文例

> 　今までも、○○市は子育て支援に取り組んできたが、なお一層市民のニーズに応えていくために以下の方策が必要となる。
> （55字）

→今までの実績に対して、一定の評価をした上で、さらに良くしていくという流れで作られたものです。

> 　今までも、○○市は、「△△行動計画」により事務の効率化に取り組んできた。事務の効率化は永遠のテーマである。私は、係長として引き続き以下の3点に取り組んでいく。（79字）

→具体的な計画名を示すなどして、今までの市の実績を評価し、さらに継続していくという考え方を示したものです。

> 　今までも○○市は、事務の効率化に取り組んできた。しかし、現場では、必ず

> しも十分達成できたとはいえない。そのため、私は主任として以下の取り組みを実施する。(76字)

→今までの市の取り組みに一定の評価をしているものの、不足部分に光を当て不十分な点を補おうとする意思を込めて作られたものです。この書き方の場合、一歩間違うと、市の取り組みを否定することとなるため注意が必要です。

> このような中で、職場を活性化するためには、課長として次の3点に取り組んでいく。(39字)

→第1章を漠然と受けて、さらっとつなげていく方法です。何にでも応用が利きますが、論者の視点が薄い印象を受けます。また、「以下のように取り組んでいく」とするよりも、「以下、3点に取り組んでいく」と取り組みの個数を用意している場合、具体的に示すほうが良いと思われます。

(2) 4章立て論文の導入文例

4章立て論文の第2章は課題を指摘する章です。以下いくつかの文例を示します。

> 今までも、○○市は子育て支援に取り組んできたが、なお一層市民のニーズに応えていくために以下の問題点を整理する必要がある。(60字)

→今までの実績を評価し、この章で問題点の指摘をすることをストレートに述べたものです。

> 今までも、○○市は、「△△行動計画」により事務の効率化に取り組んできた。事務の効率化は永遠のテーマである。私は、係長として以下の3点が課題と考える。(75字)

→ひとつ前の例と同様ですが、具体例を挙げているものです。

> 　今までも○○市は、事務の効率化に取り組んできた。しかし、現場では、必ずしも十分達成できたとはいえない。私は、以下の3点の取り組みについて、不十分であると考える。(82字)

→今までの市の取り組みに一定の評価をし、不足部分に光を当て不十分な点を補おうとするもの。不十分とされた点が、現場の特殊性や実施段階で職員が気づきにくいことなどを示すように書いてください。計画の根幹にかかわるような内容を指摘すると市の取り組みを否定することとなるため注意してください。

> 　このような中で、職場を活性化するためには、係長として次の3点に問題があると考える。(42字)

→第1章を漠然と受けて、無難につなげていく例です。この点で何にでも応用は利きますが、論者の視点が薄い印象を与えてしまいます。

3 課題と解決策表の作成

（1）課題と解決策の用意

「課題と解決策表」は、パズルメソッドの中心部分の1つです。どのようなテーマがきてもある程度の量の課題と解決策のセットを用意しておくことで、自由にピックアップし、論文パズルに当てはめることができます。

まず、課題と解決策のセットをいくつ用意すればよいかについてですが、それには2つの考え方があります。

1つ目は、本書第2章の2の「パズルメソッド論文作成手順図」にしたがって、とにかく1本目の論文を仕上げたいと考える方は、自分の論文テーマに合わせて、課題と解決策を3セット作っていきます。1本目を早く作ることを目指す場合にはそれがもっとも近道です。

この方法は、テーマが決まらないうちに、どのような課題が必要になるか決められないと思う方や1本目の論文が仕上がるまではどうしても不安だと考える方に向いていると思います。

2つ目の考え方は、そのテーマ以外の論文にも使えるように、課題と解決策を6〜7セット程度作っていく方法です。

この方法は、あらかじめいろいろな課題に対する解決策を作る作業に面白みを感じられる人には向いています。ある程度時間に余裕があれば、そのうち論文はできてくるものだと思える方、また頭の体操になると考えられる方は6〜7セット作ってみてはいかがでしょうか。

過去、受験生に取り組んでもらった経験からすると、やはり1本目の論文を早い時期に作っておきたいと考える方が多かったようです。後日談としては「早目に多くの課題と解決策を作っておくと、2本目以降の論文がもっと簡便にできたと思う」という意見を言っていた受験生もいました。

この本には、実際に使えそうな、課題と解決策の用例も載せてありますので、3つよりも多めにトライされてはいかがでしょうか。パズルとして当てはめていくためには、パズルのピースがなければなりません。初めは、何に

使うかわからなかったピースが意外なところに収まる例もあります。

　最終的に何本の論文を仕上げるのかにもよりますが、たとえば、論文を3本用意すると仮定します。通常1本の論文には、3つ程度の課題を提示しますので、3本の論文であれば、3課題×3本＝9で課題と解決策のパックが9セット必要となります。ただテーマが「管理もの」である場合には、同じような課題と解決策が使われる場合には9セット必要ないかもしれません。

　一方、「課題もの」の場合には、その課題特有の問題点と解決策の用意が必要となる場合が考えられます。「管理もの」の論文を2本（課題と解決策で少し多目に6～7セット）、「課題もの」の論文を1本（課題もの特有の課題と解決策で3セット）仕上げたいと仮定すれば、課題と解決策のパックを10セット位用意してくださいと指導しておりました。最終段階には、みなさんも10セット程度は作成できているよう努力してください。

（2）表作りのポイント

　68ページの「課題と解決策Ⅰ、Ⅱ表」をご覧ください。当面みなさんに取り組んでほしいのは、「課題と解決策Ⅰ表」の方です。Ⅰ表には、「課題」「現状とその弊害」「原因、理由」「具体的解決策」「結果」という欄がそれぞれあります。Ⅱ表との違いは、「原因、理由」欄と「結果」欄の有無です。最初からⅡ表で書いてしまうと、経験上、表面に現れた事実や現象を分析せずに安易な解決策を導きがちになります。表面的な現象を「なぜそうなっているのか」「なぜそのような行動を取ってしまうのか」と深掘りしてほしいのです。そのような思考回路を作るためにも、最初の段階は「課題と解決策Ⅰ表」の方から取り組んでください。

【課題と解決策Ⅰ表の例・その1】

　それでは、Ⅰ表の1つひとつの欄をどのように考えて書き込んでいくのか、68ページの「課題と解決策Ⅰ表」の具体例に沿って解説します。

①**課題**　この欄には汎用性のある課題を入れてください。汎用性がある課題とは、さまざまな論文に使えるものをいいます。自治体の永遠のテーマとして、「事務の効率化」「職員の育成」「職員の能力開発」「経費の最少化」

課題と解決策　Ⅰ表（フォーマット）

課題	現状とその弊害	原因、理由	具体的解決策	結果

課題と解決策　Ⅱ表（フォーマット）

課題	現状、問題点（原因も含む）	具体的解決策

例・課題と解決策　Ⅰ表（職員間の連携　その1）

課題	現状とその弊害	原因、理由	具体的解決策	結果
職員間の連携が不十分	ア：自分勝手に職員が動いてしまい、全体の統制がとれない。	a：他の職員の意見に耳を傾けない。 b：担当の職員は自分のやり方が正しいと思っている。	A：係長から、他の職員も聞くように説明し、理解を得ていく。 B：担当職員にやり方を再検討するよう指示を出し、報告させる。	やり方を再検討する中で、職員間の連携が生まれてくる。
	イ：職員同士の横のつながりがなく、仕事でのダブりや不足する点などが生じている。	c：他の職員の仕事を知らない。また、知らなくても自分の仕事さえわかっていればよいと思っている。	C：他の職員の仕事を知るように説得する。また係会を開き、職員同士で互いに同僚の仕事を聞き、連携のための話し合いを持たせる。	他の職員の事情を知り、連携する必要性を認識することができる。

第3章　課題・解決策表の作り方　69

例・課題と解決策　Ⅰ表（職員間の連携　その２）

課題	現状とその弊害	原因、理由	具体的解決策	結果
職員間の連携が不十分	・自分勝手に職員が動いてしまい、全体の統制がとれない。	a'：他の職員の仕事を知らなくても自分の仕事さえわかっていればよいと思っている。（意識） b'：社会の変化を自分の業務に採り入れようとしない。（意識） b''：自分の仕事を検証していない。（事実） b'''：全体を捉える習慣や機会がない。	A'：係長は、仕事のつながりや連携がうまくなされない場合の市民への影響などについて十分説明し、円滑な連携により得られる効果を理解させる。 B'：面談を実施し、個々人に目標を決めさせ、月ごとに成果を報告させる。係長から、先進事例の提供などを行う。そのうえで、連携することで得られる仕事の改善点を提案させる。	連携の必要性を認識、体得させた上で、職員自身で改善を図っていくことができる。
	・職員同士の横のつながりがなく、仕事でのダブりや不足する点などが生じている。	c'：単独で成り立つ仕事だと思っている。（意識） c''：他の職員と協力して、効率的に、またはより良いサービスの提供をしようとする意識が乏しい。（意識）	C'：上記A'と同じ。 C''：ジョブローテーションを定期的に行い、他の仕事も経験させる。その上で、担当者同士で話し合い、業務改善を提案させる。また、複数の職員にプロジェクトを任せ、協働して行う意義や必要性を体得させていく。	

70

「職場の活性化」などです。「管理もの」をテーマとする場合には、過去の出題例などを参考にして課題となりそうなものを選択してください。ここでは、具体例として「職員間の連携」を取り上げてみました。

② **現状とその弊害**　この欄には、課題として掲げられた内容について、その状況を現す事実やどのような弊害があるかなどを書いていきます。

　例では、連携が上手くいっていない現状として、「ア　自分勝手に職員が動いてしまい、全体の統制がとれない」ことや「イ　職員同士の横のつながりがなく、仕事でのダブリや不足する点などが生じている」という現象があるとしています。

　自分の職場に合わせて具体的に書くことについては大いに結構です。ただ、特定の職場だけの現象、特定の職員の問題などは避けてください。

③ **原因、理由**　この欄には、現象として現れた事実や弊害の原因を書いていきます。一義的な原因は比較的早く頭に浮かんできます。2つの現状「ア　自分勝手に職員が動いてしまう」ことや、なぜ「イ　職員同士の横のつながりがないのか」の原因を考えます。その結果、アについては「a 他の職員の意見に耳を傾けない」ことや「b 担当の職員は自分のやり方が正しいと思っている」との原因が浮かびました。イでは、「他の職員の仕事内容を知らない。また知らなくても、自分の仕事さえわかっていればよいと思っている」と考えました。

　ここで本来は、さらに「なぜ」を試みますが、それをしなかった場合に、次の解決策がどのようなものになるのかを試してみました。具体的解決策の欄をご覧ください。アについては「a 他の職員の意見に耳を傾けない」としたので、A、Bのように原因の裏返しのような解決策しか浮かびません。また、「自分のやり方が正しいと思っている」についても、やり方を再検討するための指示を出す程度の解決策となっています。このような解決策となった理由は、「原因」欄でしっかりとした根本原因を追求しなかったためです。この程度の解決策では、その後に得られる結果も期待できないはずです。

　このケースでは、論文の体裁を整えるため結論としては、「やり方を再検討する中で、職員間の連携が生まれる」と書きました。これを読む採点

官にはどう受け止められるかです。「係長が、問題点を指摘すれば即解決するようであれば、元々連携不足は生じていなかったのではないのか」と思うか、「問題点への分析が甘いので、真に解決を図れるようなマネジメントができていない」と考えるでしょう。考察力、論理性という点で踏み込みの浅い論文との印象を受け、良い評価は得られないでしょう。

【課題と解決策Ⅰ表の例・その２】

　それでは、70ページの「職員間の連携　その２」の「原因」欄を69ページと比較しながらご覧ください。なぜそのような事象が起きているのか？その「なぜ」を何度か繰り返し根本的な原因を探り、そこに行きつくまで考えていきます。69ページの「その１」では「ａ：他の職員の意見に耳を傾けない」としたものを「ａ′：他の職員の仕事を知らなくても自分の仕事さえわかっていればよいと思っている」という意識を根本原因と捉えました。69ページのその１のｂで「ｂ：担当の職員は自分のやり方が正しいと思っている」をさらになぜ、と考え、「ｂ′：社会の変化を自分の業務に採り入れようとしない」という意識の問題と「ｂ″：自分の仕事を検証していない」という事実によりそのような現状があると捉えました。掘り下げてくると職員の意識の問題が大きいということが判ってきます。

④具体的解決策　原因をしっかりと追求できれば解決策も導きやすくなります。原因への突っ込みが甘い場合、解決策もぼやけてきます。解決策を考える上で、ポイントが３つほどありますので、以下に示します。

　１つ目は、それぞれの昇任試験の受験者の立場は、すでに上位職であり、その立場で具体的に論ずることです。

主任論文	主任としてのあなたが、どう考え、誰に、何を働きかけ、具体的に主任としての活動、行動を取っていくのかを記述します。
係長論文	職員（係員）に何をどのように伝え、職員を使ってどのように解決を図るのかを記述します。
管理職論文	広い視野を持って、部下にどのような意識を持たせ、係長を通じてどのような働きかけをしていくかを書いていきます。

　２つ目は、問題点を裏返しにしただけの解決策ではいけないということ

です。「問題意識が足りない」という現状に対して、「問題意識を持たせる」ではただの裏返しで、知恵もなく、具体性もないですし、どのような行動を取るか（取らせるのか）も見えません。

　3つ目は、解決策は、1種類とは限りません。いくつか出てきますので、それをできるだけ列挙してみてください。パレートの法則※を応用し、いくつも考えた解決策の中から、有効性の高いものを優先して使っていくということになります。できるだけ費用や時間、労力をかけずに行えることが良い解決策となります。

参考　※パレートの法則

　イタリアの経済学者パレートが発見した所得分布の経験則。全体の20％程度の高額所得者が社会全体の所得の80％を占めるという法則。現在ではさまざまな現象にも適用され20対80の法則などとも呼ばれている。

> **例示1**　ビジネスにおいて、売り上げの80％は、20％の顧客により産み出されている。

> **例示2**　ＩＢＭ社は、コンピューターを使う80％の時間は、20％の機能であることに気づいた。

　パレートの法則を論文にも応用しますと、問題点に対していくつかの解決策が考えられる場合、問題点の主要な原因を解決していくためには、重要な一部に取り組めば、大部分の問題を解決していけると考えます。そのことを事例を挙げて説明します。

事例

　問題点　職員間のコミュニケーションがうまく図れない。
　解決策として、以下のような案を思いついたとして書き出してみます。
a　毎日朝会を開く。
b　時間内に短時間でも緊急の係会を開いて、話し合いを行う。
c　時間外に月例の係会を開いて、その月にあった問題を話し合う。

d　係長と個人的に相談し解決を図る。
　　e　問題点をメモに残し係内で回覧する。
　　f　時間外に飲みに行き、情報交換をしながら解決を図る。
　　g　係の役割や、どうしたら職員が協力して職務に当たればよいか事例を挙げて話し合う。
　　h　問題が発生した場合に職員を2グループに分けて話し合う場を設定する。

　以上の8つの解決策が思い浮かんだとします。この場合、まずは「職員間のコミュニケーションがうまく図れない」ことの原因分析が必要ですが、分析した結果、「窓口を抱える職場で、職員皆が忙しく、窓口でのトラブルなどあっても、それをじっくり考えている暇がない」という状況だとします。全員が集まれそうなのは、朝の少しの時間と時間外だけです。
　その状況を踏まえて、上記a～hのすべての解決策を実行しなければ問題は解決しないのか。または、特定の解決策により有効な解決が図られるのか。
　「職員間のコミュニケーションがうまく図れない」という問題は、一度会議を開けば解決するという問題ではありません。様々な取り組みを重ねる中で人間的なつながりが生まれ、円滑なコミュニケーションが図られてくるものと思います。ただそこには前提があり、職員全員が係の組織目標を意識しており、その目標に向かって一緒に頑張っていこう（協働の意欲）という気持ちがなければ、表面的なコミュニケーションだけ上手くいっても意味がありません。
　その点を踏まえて上記の解決策の例を見てみると、コミュニケーションをとるために、職員同士の意思を伝える方法として、「会議」、「打ち合わせ」、「メモを使う」ことや開催の時期など形式的なものと、「情報交換」、「その月にあった問題」、「事例検討」という話し合いの内容に触れた実質的なものに分かれています。
　解決を図るためには、もう一度係の役割を再認識していく必要性がありそうです。また、日中に会議を開くのが難しいとのことでしたが、2グループ

に分けて開くというのも良いアイデアかと思います。

　その結果、「a　毎日朝会を開く。」と「g　係の役割やどうしたら職員が協力して職務に当たればよいか事例を挙げて話し合う。」を採用し、全員が集まれない場合も、2グループに分け、2度開くことを検討するとします。

　8つの解決策をすべて実行すればよいかもしれませんが、その中で肝となる解決策を採用することで、問題の大部分が解決できるように考えます。また論文の形式からしても、すべての解決策を書くスペースはありませんので、コンパクトにまとめることが必要になります。

⑤**結果**　解決策により、課題が解決されていくと結果としてどのようになるかを記述する欄です。論文では、「そうすることによって、○○のような職場ができてくる」「そのような努力を重ねることで、職員は○○のようになっていく」、または「そのような結果、○○が可能となっていく」というような表現で述べるようになります。

（3）問題点・課題の抽出の視点

　問題点・課題をどのように抽出したらよいのか、なかなか思い浮かばない方も多いことでしょう。そこで、ヒト、モノ、カネ、情報という視点を持って考えてみると発想できますので、次のページの表を参考にしてください。

　また、さらに実際の用例も示します（77〜80ページ）。この用例を見ながら、あなたの自治体でのケースや自分の職場であればどのようになるかと考えて利用してください。

問題点・課題の抽出の視点表

	ヒト（人）	モノ	カネ（金）	情報
具体的には	住民、職員、地域団体、人の意識	サービス、事業、仕事、ニーズ	予算、財政、費用、コスト	広報、情報共有、コミュニケーション
職員の育成	意識改革、研修、自己啓発	年間の育成計画、目標による管理	職員が講師になる、OJT	先進自治体の事例の提供
職場の活性化	意識改革、研修、自己啓発	ジョブローテーション、PT	行政評価、事業のスクラップ＆ビルド	先進自治体の事例の提供
住民サービス	顧客志向、意識改革	事業の棚卸、改善提案制度	IT化によるコスト削減、民営化	双方向性の情報、ホームページの活用
地域の安全	安全意識の啓発	講習会、防犯パトロール 警察署との連携	住民組織との協働	防災情報の提供、緊急通報メール
高齢者問題	活躍の場の提供、ボランティア 元気高齢者、健康寿命	バリアフリー、ユニバーサルデザイン	行政とNPOの担うサービスの棲み分け	サークル紹介、広報紙での場の提供
少子化問題	自己決定権、ニーズの把握 保育コンシェルジュ	周産期医療、保育園整備、子育て環境の整備 待機児解消	経済的支援、医療費補助	子育て情報、お出かけマップ

課題と解決策　Ⅰ表　例

課題	現状とその弊害	原因、理由	具体的解決策	結果
事務の効率化	目の前の仕事に埋没して、改善に取り組めていない。	組織的に事務の効率化に取り組んでいない、工夫や改善がないため、忙しいままとなっている。	事務の効率化に向け工夫やアイデアを出すことを組織として奨励していく、事務改善が増すことを実感させる。仕事に対する充実感をもって取り組ませる。仕事に優先順位の物差しをつけて取り組ませる、メリハリを実感させる。	職員が自発的に組織して事務を効率化していくことができていく。
職員の育成	仕事が忙しいことを理由に新たな挑戦をしない、仕事を進める際に疑問を持っても探求していくことがない。	前例踏襲で仕事を行っていれば楽である。日々の業務が忙しいため、挑戦しても報われないとの思いがある。失敗すれば、マイナス評価となる。	積極的に取り組んだ結果の失敗であれば許される職場風土づくり係長が率先して業務を見直し、新たなチャレンジの機会を作っていく。やりたい仕事に挑戦できる制度を導入する。挑戦した職員が、次の業務では報われるようなインセンティブを与える。	職務を通じて能力の向上が図られていく。
政策形成能力	新たな施策を生み出す工夫がされない。企画や現場からそうとする気運がない。	企画部門でなければ、そのようなことをする必要がないと思っている。改善提案を発表する場がない。	現場にこそ、住民ニーズを捉えた新たな施策のアイデアがあることを意識させる。政策形成能力を高めるために、現場からの提案・改革の提案を奨励する。そのために職員提案制度の活用する。提案した職員に、実行までを任せて、評価していく。	誰もが政策にかかわり、能力の向上に努めるようになっていく。
組織目標	目の前の仕事に埋没して、何のために行っているのかという意識を失っている。職務が専門化し、細分化しており、木を見て森を見ずという状態となっている。	組織目標と自分の職務との関連性を捉えていない。組織目標にとってふさわしいものかの検証がなされていない。	目標による管理を徹底する。自分の所属する課、係の目標を前提目とし、それを意識させる。場合によっては、本人に確認させる。ずれに軌道修正を提案させる。組織目標に合っていないな思い切ってのタスクラップ＆ビルドを行う。	組織目標を意識した仕事ができる。目標に合わせて改善された事業が行われる。
セクショナリズム	自分の仕事を囲い込んでしまい、タコ壺的な仕事のやり方を行っている。	職務が細分化されていて、自分の仕事に口を挟まれたくないとの思いを持っている。	連携することで事業が円滑に進むことを説明する。プロジェクトチームにより、共同作業を経験させる。ジョブローテーションにより様々な仕事を経験させる。	他の職員と協働する意味が身をもって知ることができる。

第3章　課題・解決策表の作り方

課題	現状とその弊害	原因、理由	具体的解決策	結果
コスト意識	行政サービスに対するコスト意識が希薄である。事業のコスト計算を行わずに実施している例も多い。	非市場性のサービスであれば、コストを度外視して提供してよいとの思いがある。	どのようなサービスであっても、最少の費用で最大の効用を上げるよう努力することを説明し、事業実施、コスト計算のツールを導入し、事業のコスト計算を必須とする。	職員にコスト意識が芽生え、事務の効率化が図られていく。
		民間活力の導入を含め、市場の中でどのかの検討が十分されていない。	民間に任せるべき事務については、対象となる事業などを検証・リスト化させる。指定管理、市場化テストについても、PFIが可能かを検証させる。	市場との関係を整理し、費用対効果が明確になっていく。
進行管理	職員の仕事の管理がとれず、各職員の仕事の進行管理が個々人に任されている。	個々の職員の仕事は、個々で管理するものとして、組織の仕組みとしての管理体制が十分でされていない。	年度初めに面接を実施し、個々人の年間の目標を達成するためのスケジュールを申告させる。それに基づき、定期的に進捗の報告をさせ、必要に応じてアドバイスやスケジュールの修正を行う。	全員の仕事の進行管理が適切になされ、組織の無駄、ムラがなく統制ができる。
住民参加	個々の職員が十分進んでいない行政主体の運営がなされている。	行政だけで進めることができると思っている。煩雑な手続きを嫌う意識が働いている。手間暇かけることが煩わしい。	住民自治の基本を再度説明し、理解を得ていく。「住民のために」という考え方から、「住民の立場で」、「住民の視点で」たちの違いを職員に十分説明していく。広く意見を展開できることを事例を挙げて説明する。	市民参加、参加の意味ある住民自治がなされていく。
市民の声	意見を募っているが、その手続きが形骸化している。	特定の団体なとからの意見しかこない。自分たちは行政のプロはアマチュアだという意識がある。	パブリックコメント制度を活用する。公募委員の募集は年代ごとにバランスよく集められるように行う。	時間をかけても、市民要望を取り入れた施策ができ、市民の満足度も高まる。
協働、パートナーシップ	市民との協働が進んでいない。何かをしたいと思っているものの、どのように参加したらよいのかわからないという市民も多い。	自分の取り組みたいことに対するどこかの団体がけがわかっているが、どのような団体にどのようにして入ればよいかが不明である。	NPOなどを広報誌に掲載し紹介する。退職者世代向けにセミナーを開催し、行政が、地域活動等へのきっかけづくりを行う。参加したい方向けにどの団体でも活動内容検索が可能なホームページを用意する。	様々なジャンルにおいて、市民との協働がなされ、市民に近いところでの行政の展開ができてくる。

課題	現状とその弊害	原因、理由	具体的解決策	結果
市民の信頼	職員の経験、能力によって対応の仕方が違っており、一定以上のサービス水準を保つことが難しい状態である。	年齢、経験、能力の差が、サービスの差として現れており、一定以上のサービスを保つことは決定づけている。	サービスマニュアルを作成し、水準を保っていく。計画的にOJTを行っていく。ベストな状態を想定し、それにいかに近づけるかを職員同士で話し合う、確認し合う。	誰もが窓口で一定の水準を意識して行動できるようになる。
窓口がわかりにくい	特に高齢者などにとって、役所の窓口がわかりにくい。迷って行ってしまうこともある。複数の窓口に行くことを要する手続きもある。	組織が変わると窓口の位置が変わる、名称、複数の窓口で、何度も手続きを要することもあり、職務が専門化、細分化してきている。	行政の窓口をビジュアル化するなど、わかりやすくしていく。絵や図を多く取り入れ、窓口コンシェルジュや案内表示を文字だけでなく、わかりやすい対応を行うにより、高齢者にも対応しやすい窓口により、対応のワンストップ化を促進する。	高齢者にやさしい窓口ができていく。短時間で用件を済ますことができ、サービス向上が図れる。
多職種の職場	多くの専門職がいるが、専門職同士の連携が十分できていない。	自分の職種は独立して成立し得ると考えている。職種間の連携の必要性を理解していない。	市民目線で考える習慣をつける。保育園において、栄養士と看護師とが協力する。栄養に対する知識や衛生上の問題が一体となって提供できる。	情報を受け取る市民にとっても、関連する内容を把握しやすい。
少子化	保育園、幼稚園に通っていない在宅世帯は孤立化しがちである。	行政の子育て支援は、保育に欠けた子どもの預かりから出発したという歴史を受けて、子育て支援を行っていない家庭には、サービスや情報が届きにくい。	在宅の子育て家庭向けに、園内及び園庭開放や自由相談日などを設け、気軽に来園した方には、登録してもらい、園情報を通知しても、園に合わせた子育て(イベント)情報を提供していく。	きっかけが生まれ、孤立感が解消され、保護者同士の仲間作りなどを芽生えていく。
	子どもは少なくなっても保育園への需要は増えている。	共働きが一般的な就労形態となっており、多くの保護者が育児支援を望んでいる。育児経験の不足から子育て支援を求めている保護者が多い。子育て以外にも自律した生活を求めている方が多くなっている。	公立保育園での定員枠を見直し、受け入れ可能な園児数を拡大していく。認証保育園、保育ママなど、様々な機関と連携し、認証保育園、保育ママなど、様々な機関と連携することで保育需要に応えていく。	保護者の就労と子育ての両立を援助し、少子化対策の一助となりうる。

第3章 課題・解決策表の作り方

課題	現状とその弊害	原因、理由	具体的解決策	結果
防災、減災	大きな地震の後は、防災意識が高まるが、時間が経つにつれその意識が薄れてしまう。	日本人には台風メンタリティといわれる意識があり、一定の時間が過ぎると危機意識が薄らいでしまう。自分だけは大丈夫という思いを持っている方が多い。	わがことして認識してもらうことが大切。そのためには、現実の映像や体験談の提供、講演会を開くなどして、災害を実感できる場を設定する。シナリオの用意されたパターン化した訓練ではなく、その場で何が起こるかわからない形での訓練に取り組む。	災害の危険性を実感し、いざという時に備えることができてくる。
	自分のまちは自分で守るという意識が希薄である。	誰かが助けてくれるのではないかという幻想を抱いている方も少なくない。	自主防災組織を地縁団体を中心に立ち上げ、啓蒙活動をしていく。防災士の資格取得を促進していく。災害時要援護者を手挙げ方式で募り、リスト化と援助体制を構築していく。	平常時こそ、周到な準備をすることの必要性のあることが実感できてくる。
	ハード面での安全なまちづくりが十分とはいえない。	木造密集地帯が延焼する被害が拡大する恐れが高い。橋などの老朽化が進んでいる。公共施設の耐震化が十分とはいえない。	広域避難所などとの関係を整理し、計画的に整備する必要がある。中・長期の整備計画を策定し、公共施設の耐震化を着実に進めていく。	計画的かつ面的な整備により、安全性が増してくる。
セキュリティの確保	USBメモリーの紛失事故などが後を絶たない。個人情報への意識が希薄化しつつある。	職員のレベルによって対応の仕方などが変わってしまっている。セキュリティのガイドラインは定められているものの、その実施が職員のモラルに頼っている。	個人情報管理の徹底化を定期的に図っていく。マニュアルの準拠について、組織内のチェック体制を作る。管理職の先頭になって、ガイドラインの逸脱がないかを確認していく。	セキュリティを強化することで、住民の信頼を勝ち得ていくことができる。

第4章 まとめの章の作り方

　この章では、まとめの章の作り方を示していきます。自分の論文に合う「型」をいかに作れるかが鍵です。加えて、論文全体をサーチライトとして照らしだす見出しの作り方についても習得していきましょう。

1 文字数について
  - （1）字数
  - （2）書く内容

2 書き方について
  - （1）まとめのパターン文例

3 見出し、小見出しを作る
  - （1）見出しはサーチライト
  - （2）見出し、小見出しの位置と例
  - （3）見出し、小見出しの作り方
  - （4）作り方の実践

1 文字数について

(1) 字数

　3章立て、4章立てともにまとめの部分で使えるスペースは、全体の15%程度で、1500字の論文で200〜240字程度（10行〜12行）でしょう（61ページ表参照）。ことによると、数行分しか残っていないという場合も出てくる可能性があります。その場合に、内容が多少不自然でもまとめを無理に数行で納めるのか、それとも字数オーバーしても自分が用意したとおりの内容で書くか迷うこともあろうかと思います。そのような場合には、必ず、**制限字数に納めることを優先**してください。字数オーバーは内容の善し悪しにかかわらず、必ず減点となります。

　一方、内容は多少不自然でも、それまでの論文内容が良ければ、まとめの章が短いということだけで減点されることはないと思います。内容の判断の前に形式で減点されるような論文を書くことだけは避けてください。

(2) 書く内容

　まとめの章は、序論、本論を受けて論文を総括する章です。今まで論じてきた内容を総括し、またアピールする最後の機会でもありますので、読み手に伝えたいことをしっかりと主張したいものです。

　この章については、「らせん階段を昇るイメージ」でなどといわれます。序論において取り組むべきことを、本論の中で具体化し、それを実施する。実施していくことで今までとは一歩高い境地へたどり着く。そのイメージをらせん階段と表現したのかと思います。

　注意すべきことは、新たな課題を提起し、それまでの論文を台無しにしてしまうような愚を犯さないことです。たとえば、人材育成がテーマであり、人材を育成して組織を活性化すると書いた後に、そのためには、本格的な人材育成センターを建設するよう予算を確保しなければならない、というような施設建設が課題として浮上してしまう内容を書いてしまうことです。その

点に十分注意してください。

この章で書くべき内容として以下の事項が挙げられます。

---

①テーマに対する全体の総括
②序論の内容を発展させていくことで得られる輝かしい将来像
③（課長、係長、主任の）役職の役割を認識していることを示す。
④決意表明

以上の内容をすべて書く必要はありません。この中から自分のテーマに合わせ、同時にボリュームも考えながらパターン化した文を作成します。そのパターンができてくると、後はテーマに合わせて一部修正すればよいということになります。パターンについては、2つくらい用意したいものです。

まとめの章の鉄則

○制限字数に納めること

○新たな課題提起などして論文の流れを壊さないこと

○事前に2パターンは用意すること

2 書き方について

　ここもパズルメソッドが実感できる部分だと思います。
　自分であらかじめ作っておけば、その「パターン」がそのまま使えます。以下の例を参考に自分用のまとめの章を作ってください。

(1) まとめのパターン文例

文例①

> （テーマそのもの）は、○○市にとって、大きな課題の一つである。市民ニーズを達成するために、（テーマ）を積み重ねていくことで、市民が住み続けたいと思う市政を実現させていく。そのために、私は係長として、職員をリードし、職員とともに（テーマ）を実践していく。市民目線を大切にし、市民の立場に立って最前線の組織である係が活き活きと活動できる場にしていくことを誓う。
> 　　　　　　　　　　　　　　　　　　（約10行）

このパターン文例は、職場管理ものの場合に使われ、
→テーマの部分に入るのは、「職場の活性化」「職員の育成」などが考えられます。

文例②

（テーマそのもの）は、○○市にとって、大きな課題の一つである。市民は、△△のアンケートでもその必要性を訴えている。市として、そのニーズを分析し、最も効果のあるかたちで応えていかなければならない。そのような努力を重ねていくことで、市民の求める○○環境の整備ができあがっていくものと確信する。そのために、私は係長として、職員をリードし、職員とともに（テーマ）を実現できる係体制を整える。（テーマ）が実現し、市民の笑顔をまちにあふれさせたい。私はそのようなまちづくりを着実に進めていく。

→テーマの部分に入るのは、「子育て支援」「住み続けたいまちづくり」などの課題ものに適応できる場合となります。

文例③

（テーマ）をしていくことで、何事にもチャレンジしようとする職員が育成され、柔軟な組織が作られてくると信ずる。そのためには、係長たる私が、まず率先垂範し、手本となれるよう様々な機会を通じて身をもって示していく。チャレンジ精神の種を職員に植え付け

第4章　まとめの章の作り方　85

> ていくことが私の使命であり、明日の○○市を創造していくこととなる。そんな未来に向かって、今後とも日々努力していく。
> 　　　　　　　　　　　　　　　（約10行）

→「職場の活性化」「モチベーション」などに使えるパターン。

文例④

> 　組織は人なりと言われている。その組織の中でも、「係」は市民に最も近い位置にある組織を活性化させることで、市民満足度は一層高まっていく。市民満足度を高めていくことは、同時に、職員のモチベーションを高めることにもつながっていく。そのために係長である私は、課長を補佐することはもちろん、職員を育成し、市民ニーズを把握する組織作りに邁進する。素晴らしき明日の○○市を作ることは、私の誇りでもある。
> 　　　　　　　　　　　　　　　（約10行）

→「管理もの」全般に使えるパターン。

文例⑤

　（テーマ）は、住民生活に身近なものであり、我々職員が常に意識しておかなければならない重要な問題である。
　ただ、行政だけでテーマに取り組んでも解決していくことは困難である。市民、自治会、NPO、企業などとの連携が欠かせない。その点を十分課内に浸透させ、関係者の英知を結集して問題解決を図っていくことが大切となる。私の役割は関係者のコーディネート及び課内でリーダーシップを発揮し、粘り強く努力していくことと考える。課長として先頭に立って、困難を乗り越え明日の輝かしい○○市を作っていきたい。

（約14行）

→「課題もの」に使えるパターン。

3 見出し、小見出しを作る

(1) 見出しはサーチライト

　なぜ見出し、小見出しを入れるのでしょうか？　それを考える前に、見出し、小見出しが全くない文を考えてみてください。採点者は、何が書いてあるかわからないため、ただ頭から読み、内容を把握することに努めなければならなくなります。暗い夜道で先に何があるか分からず歩いているイメージです。そこにサーチライトがあれば、この先どのような道が続いているのか、障害物はあるかなど先を見通すことができます。見出しはこのサーチライトの役割を果たすわけです。あらかじめ、見出しで示す内容が書かれていますよと提示することで、読み手は安心して読み進められます。

　見出しだけを見て論文の内容も大まかにつかむことも可能です。論文を何十本と読む採点者にとって、論文内容の把握の手助けとなるばかりでなく、的確な見出し、小見出しを付けることで、採点者に良い印象を与えることができます。

(2) 見出し、小見出しの位置と例

　見出し、小見出しはどの部分に入れるのか。以下、3段式の論文と4段式の論文を例に挙げて説明いたします。

○3段式の論文の場合（テーマ例：職場の活性化）

章	内容	見出し、小見出し	具体例
第1章	序論	見出し	1　求められる職場の活性化
第2章	問題点と解決策	見出し 小見出し×3	2　活性化させていくために (1)意識改革を図る (2)職員の能力向上を図る (3)挑戦する組織を作る
第3章	まとめ	見出し	3　さらなるサービスの向上を目指して

具体例の欄を見ていただければ、論者がこの論文の中に何を盛り込み、どのようなストーリーで論理展開していこうとするのかが、おおよそつかめると思います。

○4段式の論文の場合（テーマ例：地域の力と自治体）

章	内容	見出し、小見出し	具体例
第1章	序論	見出し	1　多様化する市民の意識と要望
第2章	問題点	見出し 小見出し×3	2　地域の力を十分活かしていない (1)行政中心の地域支援 (2)ＮＰＯや民間企業との連携不足 (3)仕組みを支える体制が不十分
第3章	解決策	見出し 小見出し×3	3　地域を活かした行政運営のために (1)職員の意識改革を図る (2)協働のネットワークを作る (3)地域が主体的に活動できる支援体制を強化する
第4章	まとめ	見出し	4　さらなる地域の発展を目指す

　4段式の論文の場合には、第2章で問題点を指摘し、第3章でその解決を図るという構成のため、課題を3つ出せば、それに呼応して解決策も3つ挙げることになります。3段式と比べて、第3章に見出し1つ、小見出し3つが増えることになります。

（3）見出し、小見出しの作り方
　見出し、小見出しの作り方には、2つの方法があります。
第1の方法　レジュメ作りの際に、見出しおよび小見出しを考えておき、その見出しに合わせて文章を作成していくものです。この方法は、そこに書こうとする内容を先に明示しておき、その内容を意識して書き進めることができます。ただし、見出しに合わせようとする意識が強くなると、書いているうちにテーマから外れてしまう危険性もあります。

第2の方法 レジュメ作りの際に、見出しおよび小見出しの案として、このような内容を書こうとおおよその内容を決めます。ただし、文章を書く際には見出しおよび小見出しの部分を空欄にしておき、文章ができあがった後に改めて、見出しを考えるという方法です。最後に内容に合わせて見出しを作るため、内容と見出しをマッチさせることができます。

（4）作り方の実践

それでは、（3）の**第2の方法**を体得してみましょう。まず、見出しは未定とし、小見出しは仮のものを作った論文を提示します。それを読み、あなたが書き手であればどのような見出しおよび最終的な小見出しをつけるかトライしてみてください。その後に、解説を読んでください。

例文

テーマ「住み続けたいと思う魅力的な市政について」

　１　　未定

　　先日、公園で若い母親が自分の子どもをひどいことばで叱っているのを見た。そのことば遣いに驚くとともに、基本的な親子関係が築けているのか心配になった。保育園に勤める私は、園ではそのようなタイプの保護者に接したことがなく、在宅での子育て家庭の支援の必要性を強く感じた。市でも、在宅者向けの相談や仲間作りなどの支援は行っているが、サービスの届いていない家庭も一定程度存在している。住み続けたいと思えるまちを作るためには、何よりも子育て環境を整えて

いくことが不可欠だと考える。

　私は、保育園を核とした地域支援を一層進めることで、直接保育サービスを享受していない親子にもサービスの提供が可能になると考える。

　改めて、在宅者も顧客と捉え、保育園の職務の1つに位置づける必要がある。そのためには、職員の意識改革を図り、積極的な地域支援策を打ち出していきたい。

2　未定

　保育園での顧客の位置づけを明確にした上で、より良いサービス提供を図るため以下3つの事柄に取り組んでいく。

(1) 意識改革（仮）

　日々の業務に追われ、保護者の新たなニーズに対応するという意識に欠ける職員もいる。また、園長からの指示がなければ動かなくてもよいと考え、当事者意識の薄い職員もいる。

　園長として、朝夕の保護者とのかかわりの中で、保護者の態度やことばからニーズをつかむよう仕向ける。そのためには保護者が話しやすいような声掛けの仕方を指導する。ま

た、保護者向けアンケートを計画し、その質問内容を職員に考えさせ、回答の分析も任せてみる。そうすることで、意欲的にニーズを把握する意識を醸成することができる。

（２）能力向上（仮）

　日常業務を前例踏襲で行っていれば安心していられる。そのような空気が蔓延すると、自己の能力をさらに高め、より良いサービスを提供しようとする意欲が生まれてこない。そこで、私は、全職員と個別に面談を行い、職員ごとに長所、短所をつかんでおく。その上で、職員が挑戦したいと思っている点をテーマと決めさせ、自ら学習の上、発表する機会を与える。専門性の高いテーマであれば、園全体の課題と捉え外部研修へ派遣し、それを還元させることで職員全体の能力の底上げを図る。職員の能力向上に対する意欲を喚起していき、全ての職員の力を高めていくことにつなげていく。

（３）地域支援（仮）

　地域支援の重要性を認識していない職員も少なくない。保育所保育指針の改定により地

域支援が保育園の重要な役割と位置づけられた。私は、職員会議の中で、先進的に取り組んでいる事例を挙げ、その具体例を示して職員の関心を引き出していく。地域支援の一環として、保育園の1室を「ふれあい広場」として開放し、在宅の親子の仲間作りを応援する。そうすることで、保育園とつながりのなかった在宅の親子を孤立させず、園や同じ親同士のネットワークが築けるように支援していく。

3　未定

　市民が住み続けたいと思う魅力的な市政を作り上げることは、大きな課題の1つである。園長である私は、市民が子育て支援に求めるニーズを分析し、保育園として最も効果の上がる形で応えていかなければならない。そのような努力を日々重ねていくことで、市民の求める子育て環境ができ上がっていくものと確信する。
　そのためには、市民目線を大切にし、市民の立場に立って、「地域の中で必要とされる保育園」を目指していく。

現時点では次のような見出しとなっています。

まず、この先を読まずに、あなたの見出し、小見出しを作ってみてください。

```
第1章　未定
第2章　未定
　　　（1）意識改革（仮）
　　　（2）能力向上（仮）
　　　（3）地域支援（仮）
第3章　未定
```

それでは、筆者が作る場合の例を提示します。初めに各章に何が書いてあったでしょうか。各章ごとにその内容を把握してみます。

```
第1章　①エピソードから保育園を核とした地域支援の推進
　　　②住み続けたいと思えるまちとは、子育て環境を整えていくこと
　　　③在宅者も顧客と捉える
　　　④職員の意識改革と積極的な地域支援策の打ち出し
第2章　顧客の位置づけを明確にした上で、3つの取り組みをする。
　　　ア　意識改革
　　　イ　能力向上
　　　ウ　地域支援
第3章　①住み続けたいと思う魅力的な市政作りは、大きな課題
　　　②子育て支援のニーズ分析とその対応
　　　③日々の努力で子育て環境の創造
　　　④「地域の中で必要とされる保育園」を目指す
```

次に、各「章」の核の部分を見てみますと、第1章にはテーマを転換させた「子育て環境を整えていくこと」と章のまとめとして「在宅者支援」がポイントになります。

第2章は、3つの事柄に言及していますが、すべては地域支援を進めていく上での手段となります。
　第3章は、決意表明として日々努力することとキーワードとしての「地域の中で必要とされる保育園」ということを打ち出しています。
　また、第2章の小見出しは、仮に入れましたが、4字熟語でいかにも固いので、わかりやすくすることと語尾の表現を揃えてみます。そして、以下のような見出し、小見出しを作ってみました。

第1章　子育て環境の整備を
第2章　地域支援を目指して
　　　（1）職員の意識改革を図る
　　　（2）職員の能力を向上させる
　　　（3）地域支援を充実していく
第3章　地域の中で必要とされる保育園に

　以上が1つの例です。第1章については、読み手を引きつける意味から、「公園で若い母親が自分の子どもをひどいことばで叱っている」という場面を引き合いに出し、見出しを「公園で見かけた若い母親」や、「ある若い母親の叱り方」などとする方法もあります。インパクトがあり、読み手はまず、なんだろうという気持ちが生じてくることでしょう。
　いくつかの例を作りながら、最善と思うものを見出しに使うという訓練をしてみてください。

第5章 論文作成のための事前準備

　実際に論文を書く前に知っていてほしい基本的なルールを確認してください。また、書き終えた後に自分の論文を検証するセルフチェックの方法を示しますので、活用してください。

1　書くためのルールの確認
　　（1）原稿用紙の基本ルール
　　（2）1文の文字数
　　（3）主語と述語の一致
　　（4）専門用語の使用
　　（5）略語
　　（6）略字

2　接続詞は「論理性」の近道

3　セルフチェック
　　（1）セルフチェックを行うタイミング
　　（2）内容面と形式面
　　（3）内容面のチェック
　　（4）形式面のチェック

1 書くためのルールの確認

　いよいよ文章作成の段階となってきましたが、その前に基本的なルールの確認をいたします。作成のためのルールを知ることで採点官にとって読みやすい文章となりますので、必ず内容を確認してください。

（1）原稿用紙の基本ルール
　ほとんどの論文には字数制限があると思います。そのため字数が把握しやすいよう原稿用紙に記述していくことと思われます。
　原稿用紙を使うのは学生時代以来という方もいると思いますので、使い方、書き方のルールを確認しましょう。以下、そのルールと具体例を示しますので確認しながら読み進めてください。
①最初の文や段落となる文では、最初の1マスを空けます。

例示A

| | 私 | は | 、 | 住 | 民 | の | ニ | ー | ズ | を | 受 | け | 止 | め | た | 施 | 策 | を | 展 |
| 開 | し | て | い | く | 。 | | | | | | | | | | | | | | |

②最後のマスで文の切れ目や文が終わりとなる場合、句読点をその行で納めます。

例示B

| | 景 | 気 | 低 | 迷 | で | 市 | の | 財 | 政 | 事 | 情 | は | 、 | 依 | 然 | 厳 | し | く | 、 |
| 予 | 算 | を | 増 | 額 | し | て | い | く | こ | と | は | 困 | 難 | な | 状 | 況 | に | あ | る。 |

③（ ）「 」『 』などの括弧を使う場合には、1マス分使います。

例示C

| | 市 | 民 | ア | ン | ケ | ー | ト | の | 中 | に | 、 | 『 | 高 | 齢 | 者 | に | 対 | す | る |
| 対 | 策 | 』 | を | 望 | む | 声 | が | 一 | 番 | 多 | か | っ | た | 。 | | | | | |

④ （　）「　」『　』の閉じる側が次の行の１マス目になる場合には、欄外に書くなどし、次の行へは送りません。

例示 D

	先	日	、	窓	口	に	来	た	車	い	す	の	お	客	さ	ま	か	ら	、
「	車	い	す	用	の	低	い	カ	ウ	ン	タ	ー	は	な	い	の	で	す	か」
と	尋	ね	ら	れ	た	。													

⑤ 数字の表記は、基本的には、１文字１マスを使って構いませんが、桁数の大きなものは、ケースによって変えていきます。数字が１文字の場合には、そのまま１マス使います。２桁までは、１マスでもよいと思います。元号の表記は、２桁までなので１マスに記入します。100円ショップは、100が３桁で、３マス使っても、100と１マスでもよいと思います。西暦は、４桁となり、２マスに納めます。

　数字を漢字で表記できる場合もあります。記載はケースバイケースですので、記載例を参照して対応してください。

例示 E

20	08	年		平	成	20	年		１	０	０	円	シ	ョ	ッ	プ		
100	円	シ	ョ	ッ	プ	、		５	万	件		30	万	９	千	人		

（２）１文の文字数

　１文が長くなると読み手は、文意を読み取りずらくなり、また主語と述語の対応関係に齟齬が生じることがあります。よって、目安として、60文字以内（１行20文字の原稿用紙で３行以内）に納めてください。

　読み手にとって長い文章を読まされることはストレスとなります。意味を取り違えないように理解してもらうためにも、短い文で表現するよう心がけましょう。

例示F

> ア　職員が主体的に市民ニーズを捉えるために、積極的に市民の中に入っていくことが必要であり、地域行事や定例のイベントなどに労を惜しまず参加し、市民と親しくなると共に、様々なヒントを得ることもできる。

修正

○後半部分は、具体的な例示を入れているため以下のように修正しました。

> ア　職員は、主体的に市民ニーズを捉えるために、積極的に市民の中に入っていくことが必要である。たとえば、地域行事や定例のイベントなどに参加する。それにより市民と親しくなり、様々なヒントを得ることもできる。
> イ　私は、市民ニーズをつかむことが何よりも優先すると考える。実際窓口において「市民の声目安箱」を設置して、意見を募る。職員では気づかない意見が寄せられ、ニーズを捉えることの大切さを実感することができる。

修正

○イの「優先する」の部分を修正し、後半の具体例により検証する部分も分けて整理しました。

> ウ　私は、市民ニーズをつかむことが何より優先されなければならないと考える。実際窓口に設置した「市民の声目安箱」に寄せられた意見を分析すると、その大切さが実感できる。

（3）主語と述語の一致

　こんなことは当たり前だと思っている方が多いことでしょう。しかし、実際の論文を読んでいると主語と述語の一致しない文をたびたび目にします。日本語の特徴として主語を省いて表現することも多いため、間違いを起こしやすいものと思います。

　一般的には、前文で主語が提示されていれば、次の文も前文の主語を前提に文が続きます。そのような場合にも、後の文で主語と述語の対応関係が合わなくなることが生じます。書いている本人には気付きにくいことなので十分な注意が必要です。

　主語と述語の不一致を回避するには、コツが2つあります。

　1つは、長い文章を書かないこと。長くなるとそのようなミスを犯します。

　2つ目は、主語を抜かした場合には必ず補いながら読むことです。例文を見ながらみなさんもそのような視点を持って確認してください。

例示G（主語と述語の対応）

> 　市政を取り巻く状況は刻々と変化していることを意識し、従来通りのサービスの方法では満たされない。

修正

○前半部分の、「意識し」の主語は、論者であり、後半の「満たされない」の主語は、市民、住民です。ここでは、3つの修正の仕方を提示します。

| A | 私は、係長として市政を取り巻く状況は刻々と変化していることを意識していく。その上で、従来どおりのサービスでは、市民の満足は得られないことを知る。 |

（原文を活かし、主語をそれぞれ補いました。）

| B | 私は、係長として、市政を取り巻く状況は刻々と変化していることを意識していく必要がある。その変化に対応した新たなサービスを提供することで、市民の満足度を高めることにつなげていく。 |

（主語をそれぞれ補うと共に、後半部を肯定的な表現に直しました。）

| C | 私は、係長として、市政を取り巻く状況は刻々と変化していることを十分意識していく。その変化に対応した新たなサービスを提供し、市民の満足を図っていく。 |

（主語は、係長に一本化し、後半部も肯定的な表現に直しました。）

（4）専門用語の使用

専門用語や頭文字による表現の使用については以下の2つに大別されます。

既に一般化している専門用語の例示	モチベーション、OJT、NPO、合計特殊出生率、容積率
一般化していない専門用語の例示	ＮＰＭ※1、ＢＳＣ※2、ゼロエミッション※3、ローリングする※4、家庭的保育事業※5

※1　ニュー・パブリック・マネジメント　新行政経営手法
※2　バランス・スコア・カード　多面的な業績評価手法を取り入れ、目標を実現していくための業務管理手法。
※3　廃棄物を出さない製造技術を開発する計画。ある企業・産業で排出される廃棄物を別の企業・産業の原料として使うなどして、トータルで廃棄物をゼロにしようというもの。
※4　改定すること
※5　いわゆる「保育ママ」の事業

　表のように、一般化している専門用語と、専門用語としてその職務に携わっている人でなければわからない用語とに分けられると思います。専門用語の使用は、一般化しているものであれば差し支えありません。そうでないものは説明を加えて使用するか、別のことばに置き換えて書くことが無難でしょう。
　また、1つひとつの用語に関しては、一般化していても、さらにその用語同士を結び付け自分で固有名詞を作ってしまう方がいますが、それは避けてください。

(5) 略　語

　略語は、できるだけ使わないことが無難です。略語として日常で使われている「コンビニ」「国連」などは、あえて、「コンビニエンスストア」「国際連合」とする必要はないと思います。「プロジェクトチーム」を「ＰＴ」と言い換えるのは、何度か使う場合には許されると思いますが、いきなり使うことには注意が必要です。その他「ＣＩＯ」「ＰＭＯ」は、日本語で表記すれば「情報統括官」「プロジェクト管理委員会」と言い換えることができます。初めて書く際には、日本語で書き続く（　）内に英字表記し、その後からは英字表記を使うという方法もあります。

例示 H

私は、緊急の課題に対し、プロジェクトチーム（ＰＴ）を立ち上げて対応したい。ＰＴには、期限を定め課題に対する解決策を提示するよう指示を与える。

（6）略　字

　論文は、制限時間内に書き上げなければなりませんので、できるだけ書くための時間は短くしたいと思うものです。論文対策をパソコンで行っている方も多いと思いますが、実際に文章を書くと日ごろのクセが出るものです。普段は、略字で許されても、論文ではすべて正しい字で書くべきです。たとえば、「職員」という漢字などのように、画数が多くなると「耺員」と略したくなりますが、「職員」と正しく書いてください。

　同様に、「門構え」に関する漢字など普段簡略化して書いている漢字にも注意が必要です。

誤りやすいことばの例

○「委譲」と「移譲」
　　委譲―権限等を委ねること《例　市町村に委譲》
　　移譲―権限等を他に渡すこと《例　財源移譲》

○「務める」と「勤める」と「努める」
　　務める―任務に就任すること《例　副市長を務める》
　　勤める―勤労に励むこと《例　公益法人に勤める》
　　努める―努力すること《例　公約の実現に努める》

○「的確」と「適格」
　　的確―間違いがないこと《例　的確な判断》
　　適格―ある一定の資格に当てはまること《例　適格者》

○「協働」と「共同」と「協同」
　　協働―目的を達成するため補完・協力すること《例　住民との協働》
　　共同―2人以上の人が仕事を一緒にすること《例　共同歩調》
　　協同―2人以上の人が力を合わせて事にあたること《例　協同組合》

2 接続詞は「論理性」への近道

　論文試験とは自分の意見を文章により表現するものです。それも、原稿用紙で数枚という限られた中で、内容をコンパクトにまとめて主張しなければなりません。試験用の論文としては、その内容を採点官に理解してもらい、納得を得た上で、評価してもらう必要があります。そのためには、採点官に自分の主張する道筋を示すことが重要なポイントとなります。そのためのツールが接続詞です。

　接続詞は、今読んでいる内容の次にどのような関係の文がくるかを予想させてくれます。そのとおりの内容が書かれていれば、納得し安心して読み進められます。接続詞の使い方ができているということは、論者の頭の中がすっきり整理されていることを示します。接続詞の適切な使用により、試験考査の「論理性」を表現できることにつながっていきます。

　ただし、接続詞を入れなくても、自然と文意が読み取れる場合には、接続詞によってかえって文章がしつこくなることがありますので、あえて接続詞を入れることはいたしません。

　なお、「接続詞」と書きましたが、正確には接続詞、指示代名詞など、前文と後文の関係を示すことばを広く採り上げています。ここでは、説明をしやすくするためそれらすべてを含め、「接続詞」と呼びます。

　以下順次、論文で使われている接続詞の用法を示しますので、みなさんも適切に使えるように心がけましょう。

① 「そして」「また」「次に」　前の文の内容と同じレベルの内容を追加的に続けるときに使用します。

> **例示**　私は、職員に〇〇について説明する。そして、理解しているかを検証していく。

② 「さらに」「加えて」　前の内容と同じレベルの話を追加的に続けるとき

に使用します。また、3つ以上重なる場合の3つ目に用いられることも多いかと思います。

> **例示A**　私は、職員に〇〇について説明する。そして、理解しているかを検証する。さらに、その理解を基に、本人に発表の機会を作る。

同じレベルの話を追加的に3つ続ける場合には、以下のような方法も用います。

> **例示B**　第1に、第2に、第3に、
> まず、また、さらに、
> はじめに、次に、加えて

③「つまり」「すなわち」「要するに」　前の内容をまとめて説明するときに用います。

> **例示**　個々の業務を見直し、必要なものと必要性が薄れたものとを峻別していく必要がある。つまり、スクラップアンドビルドをして、業務を整理することである。

④「しかし」「だが」「けれども」　前の内容と反対の内容や違う側面があるときなどに使用します。

> **例示A**　個々の業務の見直しが必要となる。しかし、現にそのサービスを享受している市民もいるため、業務を見直す場合には慎重に行わなければならない。

> **例示B**　市民への情報公開は進めていかなければならない。だが、個人情報の管理は厳格に行わなければならないことは言うまでもない。

⑤「したがって」「それゆえに」　前の文の内容から、必然的に導かれてくる内容を、後の文に示すときに用います。

> **例示** 以前作られた施策も、社会状況が変化する中にあっては、永遠に続いていくわけではない。したがって、定期的に個々の業務を見直し、必要なものと必要性が薄れたものとを峻別する必要がある。

⑥「そこで」「そのためには」　前の文の内容を受けて、何らかの対応を示す際に用います。

> **例示A**　新聞報道によれば、表に現われない児童虐待が増えているという。そこで、当市でも本格的な虐待調査に乗り出すことになった。

> **例示B**　新任職員の業務知識を増やす必要がある。そのためには、ベテラン職員に新任職員とペアを組ませ、仕事の中で教えこむようにする。

⑦「一方」　話題を変えるときや前の文に対して違う側面からの考察をする場合に用います。

> **例示A**　少子化が進んでいる。一方、高齢化も同様に進んでいることが統計調査から明らかになっている。

> **例示B**　市民のニーズは多様化、複雑化し、市にはその変化に対応できる施策が求められている。一方で、そのための予算は簡単に増やせる状況にはない。

⑧「このような状況の中で」「このようなことを受けて」　前の文全体の状況を受けて、次にどのようにしていくかを示す際に用います。

> **例示**　ライフスタイルが多様化していく中で、市民のニーズは増える一方である。このような状況の中で、市はさまざまなニーズに対してどこまで応えていくのかを精査しなければならない。

⑨「そうすることで」「その結果」　前の内容に対する対応を行うことで好ましい結果が導けることを示す際に用います。また、課題と解決策を述べ、その解決策が達成された後の姿を示す場合に用いることも多いです。

> **例示**　係のコミュニケーションを活発化させる。そうすることで、組織の活性化が図られていくことになる。

⑩「たと（例）えば」　具体例を示して内容を説明していく際に用いられる。

> **例示**　私は、主任として率先垂範していく。たとえば、毎朝元気に挨拶をすることである。

⑪「なぜなら」　前の文の理由を示す。

> **例示**　高齢者ケアを組織として早急に進めなければならない。なぜなら、かつてない速さで高齢化が進んでいるからである。

⑫「なお」「ただし」　前の文を受け、内容を補足したり、注意すべき内容を補記、補足する場合に用いられます。

> **例示A**　市民のニーズに応えることは自治体の使命である。ただし、予算という縛りがあるため、すべてに応えることは困難である。

> **例示B**　市民からＮＰＯ活動を促進するよう求められた。なお、ＮＰＯ団体の市への登録については、すでに市政だよりやホームページにより広報に努めている。

3 セルフチェック

　論文を書き終えればそれで終わりではありません。完成論文といえるまでには、もう一山乗り越えなければなりません。本書の特徴の1つとして掲げたように、論文を見てもらえる方が周りにいない場合にも自分で修正ができるようにと考えたものがセルフチェックです。

　この後（3）、（4）でチェックポイントを示します。書き上げた後に、そのチェックポイントを確認していきます。チェックポイントに引っかかった部分に修正を加え、完成に近づけていくという手順で行います。

（1）セルフチェックを行うタイミング

　チェックする際のタイミングについて説明します。論文完成後、一度は読み返しをすると思います。その時点で、すぐにわかることは、明らかに不自然な点です。つまり、誤字、誤記などの外形的な誤りです。しかし、自分の書き上げたものは、かわいいものです。当然論理的にも正しいと思いながら書き進めたものです。正しくないと思えば、書きながらも修正しているはずです。そのため、内容面の問題には、なかなか気付きにくいでしょう。

　よって、作成後、1日、2日おいた後に、他人の論文を批判的に読む気持ちで読み返すことが有効です。論文を少し寝かせて、自分が客観的になれる時間を作り、再度自分の論文に手を入れていくというスタンスです。

（2）内容面と形式面

　まずは、内容と形式とのチェックをします。

　内容については、本書第1章中の論文試験で求められるもの（試験要綱の確認）で示された考査項目（論理性、考察力、問題意識、積極性についてなど）が評価対象とされます（第1章2「試験分析」参照）。テーマの考察が十分であるか、論理性、問題意識はあるか、現在の社会情勢に合致しているのかなどが考えられます。

ただ、それらはいずれも順を追って作成しており、本来は論文にする前に気づかなければならない事項です。パズルメソッドでは、テーマを決めたのち、「発想シート」→「骨格シート」→「レジュメ」という順で中身を詰めてきました。よって、論文の内容に不都合があるということは、文章にする前に問題があったのではないかと考えられるわけです。

　また、文同士のつながりが悪いため、内容が一貫せず論理性が表現できていない場合もあります。その場合には、接続詞の工夫や文の入れ替えなどで対応することも可能です。

　次に、形式面での問題です。これは、試験要綱では表現力とされている部分です。章ごとのボリュームのアンバランスや誤字脱字など、読めばわかるものが多いため、内容面と比べれば修正しやすいものとなります。具体的なチェックポイントは後に譲りますが、この点での修正は比較的容易です。

（3）内容面のチェック

1）論文全体を通じて

　①テーマを理解し、テーマに即した論文となっているか。

　②読んでいてすっきり読めない部分はないか。

　③主語と述語の関係がそぐわないものはないか。

　④文意が取れないところはないか。

　⑤試験区分（管理職、係長、主任）に沿った立場で書かれているか。

　⑥くどい表現、くだけすぎた表現、唐突な文章など、論文にふさわしくない表現はないか。

　⑦安易に自らの自治体を批判した箇所はないか。

　⑧単なる事実の羅列となっていないか。

　⑨いわゆる「べき論」や評論家的文章となっていないか。

　⑩住民の立場に立った内容となっているか。

　⑪論理的なつながりが作られているか。「～であるので～する」「～であるから～と考える」「～なので～する」など、前後に論理的なつながりを持たせている部分に関して、本当にその関係が作られているか。理由が明示されているか。

2）課題と解決策の章
　①解決策に重複した部分はないか。
　②解決策が問題、課題と整合しているか。
　③解決策に具体性があるか。
　④解決策が単に課題の裏返しになっていないか。

　以上が内容面でのチェック項目です。各チェックポイントについて、その解説と直し方は以下のとおりです。
①テーマを理解し、テーマに即した論文となっているか。
　試験要綱での考察力が問われる部分です。「骨格シート」でテーマに合わせて小結論を作り、そこから方向性や現状を導き出しているので、第1章の段階でテーマからズレることは少ないと思われます。そうはいっても第1章ができていないと思った場合には、「レジュメ」「論文シート」に戻って修正する必要があります。
　また、第2章以降でテーマについて何ら触れていないためにテーマからそれていると感じられてしまう場合には、テーマのキーワードをいくつか散りばめ、常にテーマを意識したものとなっている旨を表現してください。
②読んでいてすっきり読めない部分はないか。
　他人の論文は、論者のものの見方が自分と違うため、論理の進め方や理由などが自分と違う点に気づきます。論者にとっては当然のことでも他人が読むとそう思えない箇所があります。一方で、自分の論文の場合には、自分の中ではすっきり整理できたものと思い込みがちです。
　そこであえて、他人の論文を読む気持ちで読んでみてください。すると、「すっきり読めない」部分も見えてくるはずです。
　そのような箇所が見つかった場合には、「レジュメ」を読み返してください。「レジュメ」の段階からそのように不自然になっていれば、「レジュメ」から見直さなければなりません。
③主語と述語の関係がそぐわないものはないか。
　よく見受けられるパターンは、文が長くなっている箇所です。複数の文節をつないでいるため、始めに示した主語が最後まで一貫していないケースで

す。この場合には、文を分割してください。また、初めから主語を抜いて書いている場合には、主語を補ってみて、不自然でないかを確認してください。

④文意が取れないところはないか。

「文意が取れない」とは、論者の思い込み、抽象論だけで論理展開している場合などで、何をいいたいのかが曖昧であったり、わかりにくい場合などを指します。また、複雑な問題を論じる場合や、複数の解決策をつなげる場合などにこのようなことが起こります。このような場合には、平易なことばで表現を替えたり、文を分割したり、具体例を出すなどしてわかりやすくしてください。

⑤試験区分(管理職、係長、主任)に沿った立場で書かれているか。

それぞれの立場、役割意識が表現されているかについてです。

> **管理職** 自らが動くのでなく、係長を指揮して課内の管理をすることが表現されているか? 視点が、狭くなっていないか? 上司である部長や他課との調整も管理職である課長の役割です。課長は部長と部下の間で、連結ピンの役割を果たす必要があります。そのような点でも齟齬がないか?

> **係長** 課長の管理下で、係を統括することが表現されているか? 係長はプレイングマネージャーですが、マネジメントのウエイトが高いので、職員を指揮して係運営がなされることが表現できているかも問われます。

> **主任** 中堅職員として、自分が考え、自分が積極的に動いて解決していく姿勢が表現されているかを確認してください。また、上司に適切に報告や相談をして仕事を進めているかなども書かれているか確認します。

⑥くどい表現、くだけすぎた表現、唐突な文章など、論文にふさわしくない表現はないか。

「レジュメ」の段階から文章にしていく際に、論者のクセや文章力などによって、このようなことが起こります。上記のような箇所があれば、ふさわしい表現に書き換えなければなりません。

⑦**安易に自らの自治体を批判した箇所はないか。**

　採点官は管理職であることが多いため、安易に施策を批判した場合に良い印象は持たれません。施策をより良くしたい気持ちがそのような表現になっている場合には、「今までも取り組み成果を上げてきたが……」と一定の評価を与え、「施策をさらに良くするために」という論調に書き直してください。

⑧**単なる事実の羅列となっていないか。**

　論文試験は、自分の考えを論じる試験であって、知識を披瀝（ひれき）する試験ではありません。自分では自身の考えを論じているつもりが、単に先進自治体で採用された施策を並べて、論じているつもりになっているケースなども見られます。知識が豊富な受験者に見られる傾向です。

⑨**いわゆる「べき論」や評論家的文章となっていないか。**

　論文の中でよく見かけるパターンです。「〇〇すべきと考える」「〇〇すればそのような問題は起こらなかったであろう」といった他人事のような表現は、評論家であれば許されるかもしれませんが、あなたは、施策を行う担当者であり、当事者です。また、行った施策の責任を取らなければなりません。ですから、「〇〇すべき」でなく、「〇〇を行う」としっかり書かなければなりません。当事者意識が低いとそのように書いてしまうことがあります。

⑩**住民の立場に立った内容となっているか。**

　ここも大切なポイントです。地方自治体としてそこに住む住民の存在がすべての前提です。その点が抜け落ちていると現実味のない中身となります。

　施策は、相手方がいて成り立つものです。ＰＤＣＡサイクルを思い浮かべてください。ニーズの把握、計画、実行、検証、修正を繰り返していきます。このサイクルはすべて対象である住民のみなさんの存在が前提で行われるものです。

⑪**論理的なつながりが作られているか。**

　これについては、事例で説明いたします。

　論者が、事業課にシステムを導入する場合に、誰が評価するのかという問題に直面しました。論者の考えは、「事業課の職員が使うシステムだから、実際に使う職員で評価しなければならない」と記述しました。自ら使うから、自ら評価すべきとの考えは、個人のレベルであれば、特に問題は生じません。

「自分の使う掃除機だから、自分が家電店で評価し購入すべきである」といっても特段の異論はないでしょう。

しかし、行政が、予算を使ってシステムを導入する場合には、情報システム部門や経理課などが介在します。導入する際には、事業課職員には、画面構成や使いやすさなどはわかっても、システム的な特徴、後年度負担、運用の問題点などはわかりにくいでしょう。よって、事業課職員だけでシステムの全体を評価することは困難であり、使いやすさなどに偏った審査が行われる恐れがあります。そのように考えると、「事業課の職員が使うシステムだから、実際に使う職員で評価しなければならない」の「だから」には、必然性が不十分だと思われます。

最近では、当事者の評価ではなく第三者評価を取り入れて事業を評価するようになり、当事者よりも第三者のほうに客観性があると考えられています。先の論者のように、前半と後半との関係が論理的につながっていると思っても、他人の視点ではそうでない場合も多くあります。

自分の思いで書いている場合には、なかなかこの点に気づきにくいものです。よって、直し方については、このような形式の書き方をされている部分には、特に注意し、また批判的に読むしかありません。もしこのような箇所が発見されれば、考え方を修正していくため、レジュメに戻り、再度書き直す必要があります。

課題と解決策の章での「①解決策に重複した部分はないか。　②解決策が問題、課題と整合しているか。　③解決策に具体性があるか。　④解決策が課題の単なる裏返しの表現になっていないか。」の４点はいずれも文章にする前の段階で問題があったと考えられる部分です。「課題と解決策表」に戻ってもう一度見直しをしていきます。

（４）形式面のチェック

　　形式面でのチェックポイントは以下のとおりです。

①全体の字数制限は守られているか。

　　指定文字数の制限が守られているか。全体として上回った場合には、各章ごとのボリュームに合わせて少しずつ切り詰めてください。

②**各章の字数は、想定した範囲に収まっているか。**
　3段式論文の第2章には、課題＆解決策のパッケージが、2ないし3セット分使われていることと思います。それらがバランスよく書かれているかを確認してください。他と比べて多い箇所があれば削ってください。
③**見出し、小見出しは、工夫され、正しく挿入されているか。**
　平凡すぎないか。見出しが後の文意を伝えているかという視点で確認をします。
④**まとめの章で、新たな提案などを書き込んでいないか。**
⑤**「思われる」「であろう」などの推量的な表現が使われていないか。**
⑥**原稿用紙の使い方は守られているか。**
⑦**読みやすい字で書かれているか。**
　パソコンで書いている段階では関係ないのですが、今後、手書きの段階で問題が生じてきますので、このチェックポイントも忘れないでください。
⑧**1文が、3行を超えているものはないか。**
　どうしても3行を超えてしまった場合、1字でも超えれば修正しなければならないのかといえば、そうではありません。常識の範囲で対応してください。3行を超えると、読みにくい、文意を伝えづらい、主語述語の関係が逸脱しやすいなどの弊害が出てきます。これらがクリアされているかどうかが判断のポイントです。
⑨**専門用語や外来語の使用でわかりにくくなっていないか。**
　採点官が専門用語や外来語を理解してくれるか、理解したとしてもそれがふさわしい使い方だと評価してくれるかを考えます。外来語を多用している文を読むと、論者が本当に意味を理解して使っているのか疑わしいケースも多々あります。また、文が「うるさくなる」印象を持たれる恐れもありますので、多用することは避けたほうが良いでしょう。
⑩**誤字、脱字はないか。**
⑪**一般的に使われていない略字は使われていないか。**

第6章 実際に作成してみる

　いよいよ作成過程です。みなさんも、実際に論文の作成過程を一緒にたどって、その流れをつかんでください。発想シート、骨格シート、課題と解決策表からレジュメへという展開を体感してください。

1	作成の流れ
2	テーマを決める
3	発想シートを作成する
4	骨格シートを作成する
5	課題と解決策表を作成する
6	レジュメを作成する
7	本文を書く
8	セルフチェックを行う
9	修正を加える
10	完成論文として清書する

1 作成の流れ

　これまでは、論文を構成するそれぞれのパートをどのように作成していくかを示してきました。パズルメソッドでは、各ピース作りを行ってきたことになります。この章では、実際の論文ができるまでの一連の流れを示していきます。思考過程、作成手順、書き上げた後のセルフチェックの方法などを体感してください。

　論文が完成するまでの過程は、以下のとおりです。

①テーマを決める
　⬇
②発想シートを作成する
　⬇
③骨格シートを作成する
　⬇
④課題と解決策表を作成する
　⬇
⑤レジュメを作成する
　⬇
⑥本文を書く
　⬇
⑦セルフチェックを行う
　⬇
⑧修正を加える
　⬇
⑨完成論文として清書する

【前提】
　・係長論文
　・字数制限が、1200字～1500字という設定
　・論文形式は、3段式を採用しました。(2章に課題、解決策を合わせて書く方法)

2 テーマを決める

　まずはテーマを決めます。
　テーマは、過去の出題例を参考に「管理もの」か「課題もの」のどちらかから選びますが、ここでは、汎用性が高いものとして「管理もの」の中から「顧客満足度の向上」を取り上げます。テーマをより現実的にするため、「顧客志向のサービスに向けあなたはどのように取り組んでいくか考えを述べなさい」という出題文がなされたとして作成していきます。
　このテーマは、市民サービスを今まで以上に市民のために改善していくことが前提となるので、「市民サービスの向上」、「社会の変化と住民サービス」など住民サービスに関する論文にも広く応用できるものと思います。

 **顧客志向サービスに関連した過去の出題例**

○都民からの意見や評価を反映しながら行政サービスを改善していくことについて、あなたの考えを述べてください。《都　主任》

○区民満足度の向上のためには、区民ニーズを的確に捉えて情報を発信していく必要があります。このことを踏まえて、どのように仕事を進めていくか、あなたの考えを述べてください。
《特別区　主任》

○区民ニーズへの迅速な対応について、あなたの考えを述べてください。　　　　　　　　　　　　　　　　　　　《特別区　係長》

3 発想シートを作成する

　右ページの「発想シート」をご覧ください。中央の○にテーマを書き込み（　）の数字の順に吹き出しを埋めたものです。
　ここでのポイントは、論文の出題者は、受験者に何を求めているか、どのような論文を書いてほしいのかを汲み取ることです。
　「顧客志向のサービスに向けあなたはどのように取り組んでいくか考えを述べなさい」という出題を見てみると、まず当然ですが「顧客志向のサービス」ということばが目に入ります。このことばの意味を理解していない限りテーマに即した論文は書けません。すなわち、それが（2）キーワードです。テーマから導き出されるキーワードは、通常1つないし2つです。
　この「発想シート」の中で、キーワードから発想を広げていく作業と、重要と思われる内容を深掘りしていく作業をいたします。まず、「顧客」とは、何か？　誰を示すのか？　「顧客志向のサービス」は、一般的なサービスの提供とはどこが違うのかなどを意識する必要があります。
　そのような形で、出題文から、キーワードを抜き出し、そのキーワードを徹底的に分析します。この分析がしっかりできると、職場の課題や現状のどこに問題があるかなどに気付きが生まれると思います。
　「発想シート」で発想した内容は、すべて論文に表現するわけではありませんが、ここでの分析や発想が、論文のバックボーンになり、ここから貴重な材料が生まれてきます。
　例には、保育園の園長になった場合を想定しています。読者のみなさんも、当事者の立場になって、この発想シートをご覧ください。

顧客志向のサービス向上／発想シート

(2) キーワード

顧客とは、一般的には、潜在的に商品やサービスの購買の意思と能力のある人。何度も訪れるお客様。リピーター。
ここでの顧客：一般的な住民を指すのではなく、具体的なサービスを受ける住民をイメージする。
顧客志向：具体的なサービスを受ける住民のそれぞれの事情やニーズに合わせてサービスを考えていこうとする態度、姿勢を示す。
関連：顧客満足：コンシューマー・サティスファクションの訳語。顧客の要望、嗜好に合わせて商品、サービスを提供していくことが満足度が高く消費行動に結びついていくという考え方。
保育園の顧客は、在園の親子であるが、それだけでよいのか。

(1) 誰が取り組むのか

園長である私

(6) 背景を象徴するようなエピソードや統計数字など

0歳児受け入れが25園、延長保育も全ての公立保育園で実施している。

(5) 背景

・住民の価値観や生活様式の変化に伴い、働き方、家族のあり方が変わってきている。勤務時間の変則化、夜型のライフスタイルなど子どもにとっては好ましくない環境でもある。
・保護者は、子育てと別に、自分自身の生活も大事にしたいと思っている。
・保育園も保護者の生活を重視することは重要な要素となっている。
・在宅で子育てする親には、相談する相手がいない方も多い。

(3) キーワードの解明

顧客満足度向上の解明
Q なぜ顧客満足を高めることが必要なのか？
A 従前からのサービスが住民ニーズに合わなくなってきたから。
Q なぜ住民ニーズに合わなくなっているのか？
A 多様化している住民に画一化したサービスでは納得が得られない。
Q その取り組みを行わないとどうなるのか？
A 住民ニーズに対応しないと行政の信頼を失う。
Q 保育園職員に顧客という考え方があったか？
A 職員と在園児、保護者という関係を顧客とは捉えていなかった。地域支援の考え方も進めているが、各園に捉え方の違いが大きい。

テーマ
顧客志向のサービス向上に向け、あなたはどのように取り組んでいくか、考えを述べなさい

(4) 顧客満足を高めることを阻んでいる原因。現状、ギャップ

①そもそも顧客という考え方が市になかった。
②園児中心で、地域支援は、二の次。
③在宅の子育て家庭への支援が不十分である。
④在園児向けには、低年齢児保育の定員拡大、保育時間の延長にも取り組む。
⑤在宅の子育て家庭では、孤立化、育児不安、ひいては虐待へつながるケースもある。

(7) 小結論

園の利用者及び在宅の子育て家庭も顧客として捉えて支援していく必要がある。
住民ニーズを的確に捉え、顧客満足度の高いサービスを提供していく。

(8) 方向性

職員に対し、顧客は、園児とその家族だけでなく、地域での子育て家庭も対象であることを強く意識させ、園目標に明確に位置づける。顧客志向の観点から、提供しているサービスを点検、検証させていく。保育園が地域での子育て拠点となれるよう取り組む。

4 骨格シートを作成する

「骨格シート」は、論文で最も大事とされる第1章の骨格を作るためのシートです。これまでに何度か第1章の大切さには触れておりますが、出題文を自分なりに解釈して、どのような論文として表現していくかの海図が第1章です。

「発想シート」の中から、第1章の骨格となる部分を抜き出し、「骨格シート」を作成します。「骨格シート」は、**作成の手順が重要なポイント**となります。

1番目に小結論、2番目に方向性、3番目に現状、ギャップ、4番目に背景という順です。

この作成手順は、小結論を中心として作られていきます。まず、**小結論となる内容を定めます**。次に、小結論に基づいて、それを達成するための方向性を決めます。また小結論に戻り、小結論にふさわしい現状を表現します。さらに、その現状に、見合った背景を作っていきます。この作成手順を踏むことにより、試験要綱で求められる「論理性」が担保できます。

では、それぞれの作り方を示します。何を訴えたいかが、第1の「小結論」です。「小結論」は、テーマ、キーワードをほぼ直接持ってくることが多くなります。出題者は、「顧客志向のサービスに向けあなたはどのように取り組んでいくか考えを述べなさい」といっています。ですから、顧客志向のサービスが大切であり、それに取り組んでいくということを訴えざるを得ません。このことを自分なりの表現を加味して記述します。

第2が、「方向性」です。「方向性」は、「小結論」として出した論者の思いに対し、自分はどのようなアプローチをしてそれを達成していくかを述べる部分で、出題文の「どのように取り組んでいくか」の部分に相当します。

第3は、「現状、ギャップ」です。「発想シート」の中から、次の「小結論」に流れていくためにふさわしい現状等を書き込みます。考え方としては、現

実的には、「小結論」の内容でないからこそ、そこを変えたいわけです。変えたい現実や「小結論」とのギャップを表現します。

第4が、「背景」です。背景は、「発想シート」の（5）の背景の中から選ぶか、背景にふさわしいエピソードを選ぶかのどちらかの選択です。

顧客志向のサービス向上／骨格シート

背景のピース（作成順④）

> 市民の価値観や生活様式の変化に伴い、働き方、子育てのあり方に変化。
> 保育園も、保護者の生活を重視することは重要な要素。

現状、分析、ギャップのピース（作成順③）

> 市の取り組み：低年齢児園（25園）の拡大、延長保育の充実（すべての公立園）、地域支援などを実施。
> 在宅の子育て家庭：育児経験の不十分さや育児不安、相談相手がいない、ひいては虐待につながるケースも。

小結論のピース（作成順①）

> 在園児とその保護者はもちろん、地域で子育てをする在宅の親子も保育園の顧客と捉え、顧客志向のサービスを提供することが必要。

方向性のピース（作成順②）

> （そのためには）
> 園目標に在宅の親子も顧客とすることを明確に位置付け、実践的な支援をする。

5 課題と解決策表を作成する

　「骨格シート」の「方向性」の欄に、「園目標に、対象となる顧客を明確に位置付ける。実践的な支援をしていく。」と書きました。それを受けて、課題と解決策を連動させていきます。
　右ページに「課題と解決策　Ⅰ表」を作成してみました。
　ここでは、「課題」として、①保護者対応の問題、②地域に開かれた保育園作りの問題、③職員の意欲をどう高めるかの問題を取り上げました。「現状、弊害」に書かれた内容の本当の原因は何だろうと考えてください。
　たとえば、保護者対応の欄の現状と弊害欄に、「わが子と向き合っていない」「子どもへの関心が薄れている親もいる」と書きました。なぜ子どもと向き合えないのか、なぜ子どもへの関心が薄れているのか、それを分析しないと、解決策では、安易に「子どもと向き合えるように支援する」や「子どもへの関心を持てるよう支援する」となってしまいます。
　そこを意識して原因を考えてみます。日中仕事をしており、仕事を終え保育園に迎えに来た後、買い物をして、家では料理を作り、お風呂に入れ、寝かしつける。睡眠時間も十分とれず、イライラしている。そのような生活の中で、なかなか心に余裕が持てない親が多い。また、保育園で、子どもがいきいき遊んでいる10～12時間がすっぽり抜け落ちているため、その姿が見えない。育児は、保育園に任せていればよいという気持ちにもなってしまう。
　これらをすべて書いても構いません。ここでは、「仕事、家事、育児と忙しく、保護者に心の余裕がなくなりがちである」や「育児を保育園任せにし、育児への関心が薄れている」というまとめ方をしました。
　以下、「具体的解決策」や解決された後の「結果」の姿を書き込んでいきます。

課題と解決策　I 表

課題	現状と弊害	原因・理由	具体的解決策	結果
保護者対応	・保護者から病児保育の実施などさらなる要望が増えている。 ・子どもの健やかな育成（延長保育枠の拡大）や親子関係が希薄になってあり保育者にとって要望も。 ・わが子と向き合っていない、子どもの親には子どもの関わりが薄れ、一部の親にはネグレクトに近い現状もある。	・他人への依存心が強く、人任せにしがちである。 ・仕事、家事、育児と忙しく、保護者に心の余裕がなくなってきている。 ・育児を保育園任せにし、育児への関心が薄れてあげられない。	・保護者の話をよく聞くなどして、信頼関係を作る。その上で、アドバイスをするなど問題への精神面を支えていく。 ・子どもの小さな成長や自立心の芽生えなど情報提供し、子どもの成長を実感させ、親子が向き合える環境作りをする。	保護者と良好なコミュニケーションがとれ、子ども気持ちを向き合え子育てをすることができる。
地域に開かれた保育園	・今までも一定の地域支援は行ってきている。 ・園の掲示板にポスターを張るなどしてきた。漠然としたスタートだけど、地域向けの事業を実施してもう参加者が限られてしまう。 ・育児相談や子育て情報の提供も不足している。	・地域支援が園の事業として明確に位置付けられていない。 ・保育士だけで行おうとしても、体制が組めず、人員的に無理がある。 ・在宅で子育て家庭のニーズをつかんでいない。	・在宅の親子が必ず集まる場所に出向いて行き、園の支援策をアピールする。 ・子育て経験のあるボランティアを募り、家庭的な雰囲気で子育てのコツなど話してもらう。 ・園の人的資源として、看護師、栄養士などもいるので、その専門知識・経験を相談に活かしていく。	地域に開かれた園であることを知らせ、在宅の親子にも活用してもらえる環境整備ができる。
職員の意欲	・長時間開園しているため、勤務体制上、会議などの時間を作りにくい。 ・職場内で情報共有する仕組みが整っていない。 ・時間内に研修などもできない。 ・職員内の改善意欲なども出てこない。	・勤務の体制上会議が持てないことは仕方がないと思っている。 ・周知すべきことは、掲示等しておけばよいとの意識がある。 ・従来からの保育を行っていればよしとする意識が蔓延している。	・会議の課題を事前に配布し、短時間で効率的な会議を行う。 ・職務改善に関する職員の意見や発想を取り入れ、実際の保育、行事に取り入れていく。 ・良いアイデアであれば、実践することで機会を与え成果に結びつくことを実感させていく。	職員間で情報を共有化する仕組みを整える。また、提案する職務を含めた職務改善の意欲を喚起していくことができる。

6 レジュメを作成する

いよいよレジュメの作成です。このレジュメができれば、**論文の8割方はできたようなもの**です。

試験当日も、テーマが与えられ、まずレジュメ作りをすることになります。現時点で、「骨格シート」「課題と解決策表」ができた段階になっていますので、第1章と第2章（3段式の論文）の概要はほぼできた状態です。それに、「まとめの章」と「見出し」を考えれば全体ができあがることになります。

まとめの章は、パターン化したものを用意することとします。また仮の見出しを作成して、書いておいてください。

先ほど2章の「課題と解決策表」はできたと述べましたが、「課題と解決策表」のところでは、多くの内容を書き込んでも構わない旨記述いたしました。ですが、その内容をすべてレジュメに書き込むわけではありません。本文の字数を考えると、中心的な問題点、優先して解決すべき課題、解決策のある問題を抜き出します。「課題と解決策表」でさまざまな問題点や解決策を考えた中から説得力のあるものを拾い出すことになります。

パズルメソッドからのレジュメ作りを行ないます。

---

①各ピースを精査する。
　→「骨格シート」（第1章のピース）、「課題と解決策表」（第2章のピース）の中から、論文に使えるピースを選び出します。
②ピースの埋め込み作業
　→レジュメという型枠にピースを埋め込んでいきます。
③まとめの章のピース作り
　→レジュメの型枠にまとめの章の考え方だけを書き込みます。（仮のピース）
④見出しのピースは後からでもよい
　→見出しのピースは、仮に作って埋め込むか、空欄にしておき、文章を書いた後に決めても構いません。

レジュメ

（テーマ）顧客志向のサービス向上		
第1章 【見出し】 顧客は在園及び在宅の親子		
①背　景	市民の価値観や生活様式の変化に伴い、働き方、子育てのあり方に変化。保育園も、保護者の生活を重視することは重要な要素。	
②現状等	市の取り組み：低年齢児保育の拡大、延長保育の充実、地域支援などを実施。在宅の子育て家庭：育児経験の不十分さや育児不安、相談相手がいない、ひいては虐待につながるケースも。	
③小結論	在園児とその保護者はもちろん、地域で子育てをする在宅の親子も保育園の顧客と捉え、顧客志向のサービスを提供することが必要。	
④方向性	園目標に在宅の親子も顧客とすることを明確に位置付け、実践的な支援をする。	
課題と解決策の章 【見出し】 子育て環境の充実を図る		
Ⅰ	①保護者から病児保育の実施や延長保育時間のさらなる拡大等、親子関係が希薄となるような要望も。 ②一部の保護者には、子供への関心が薄れネグレクトの兆候も。	在園の保護者の子育て支援 ①保護者の話に耳を傾け、信頼関係を築く。 ②育児のアドバイスで精神面を支える。 ③園での出来事や子どもの成長の様子を情報提供することで、親子が向き合えるように支援する。
Ⅱ	①今までも園行事への参加を呼びかけているが不十分。 ②育児相談や子育て情報の提供も不十分。	地域に開かれた保育園を目指す ①在宅の親子が集まる場所でアピール。 ②子育て経験のあるボランティアを募り、子育ての知恵やコツを伝える機会を作る。 ③栄養士、看護師などの専門職を活用した相談の充実。
Ⅲ	①変則的な勤務形態であるため、全員が揃った会議が開けない。 ②情報の共有化を図りにくい。 ③時間内の研修が困難。	職員の意欲を高めていく ①議題を事前に知らせ、短時間で効率的な会議に。 ②職務改善に関する意見や提案を取り入れる。 ③良いアイデアであれば採用し、成果に結びつくことを実感させる。
まとめの章 【見出し】 未来の保育行政を目指して		
・保育園が地域の子育ての拠点施設に。 ・職員は在園・在宅の親子双方が保育園の顧客であることを意識する。 ・園長としての決意表明。		

7 本文を書く

　ここで初めて論文そのものを書き始めることになります。レジュメを横に置いて書き出します。第１章は、見出しを先に書く方と１行空欄にしておき後から考えようとする方がいるはずです。レジュメをほぼ写すくらいでもでき上がってくるはずです。

　第２章は、課題と解決策を書く章ですが、導入文も忘れずに書きます。課題・解決策のパックは、ボリュームを考えて書きます。ただ、始めの段階では、多めに書いても構いません。字数オーバーとなっても良いという意味です。書き終えた後に推稿の段階で字数を削ることは、付け加えることよりも容易だからです。

　第３章は、まとめの章です。レジュメの段階では、考え方だけ書いたため文章としては練り込まれていないものができてしまう恐れがあります。ここでも、自分の型に合わせて多めに書きこんでも構いません。あとで、修正する意識を持って書き込んでみましょう。

　作成上の注意点として、語尾表現を整えることは必要です。「です」「ます」調でなく、「である」調で統一して書きましょう。

　後で修正を加えることを前提に書き進めて構いません。まずは、レジュメを基に本文を一度書き上げてみます。

テーマ　顧客志向のサービス向上

1　顧客は、在園および在宅の親子

　市民の価値観や生活様式の変化に伴い、働き方、子育てのあり方が変わってきている。保育園にとっても、保護者の生活を重視することは重要な要素となっている。

　既に市では、子育て支援のため、低年齢児保育の拡大や延長保育の充実、地域支援など様々な取り組みを実施している。

　一方で、在宅の子育て家庭では、育児経験がないここからくる育児不安や相談相手がおらず孤立化し、ひいては虐待につながるケースも少なくないと思われる。

　私は、在園児とその保護者はもちろん、地域で子育てをする在宅の親子も保育園の顧客と捉え、顧客志向のサービスを提供することが必要と考える。そのためには、園目標に在宅の子育て家庭も顧客とすることを明確に位置付け、実践的な支援をしていかなければならない。

2　子育て環境の充実を図る

　保育園において顧客志向のサービスを提

②〜⑤（P135参照）

するため、以下のように取り組んでいく。
　第1に、在園の保護者の子育てを支援する。
　保護者から、病児保育の実施や延長保育時間のさらなる拡大等、親子関係が希薄になるような要望も増えている。また一部の保護者の中には子どもへの関心が薄くなり、ネグレクトにつながるケースもみられる。
　クラス担当の保育士には、保護者の話によく耳を傾け、気持ちに寄り沿うよう指導し、保護者との信頼関係を築く。その上で、育児のアドバイス等により精神面を支えていくべきである。次に、送り迎えの際にも、帰宅後親子の会話が弾むよう、園での出来事や子どもの成長の様子をこまめに伝えていくべきと考える。そうすることで、短時間でも子どもと向き合い会話する時間がとれるように支援していく。
　第2に、地域に開かれた保育園を目指す。今までもポスターを貼るなど園行事へ参加を呼び掛けて地域の親子との交流を図ってきたが、工夫に乏しく参加者は限られていた。また、片手間程度の育児相談であるため、子育

⑥〜⑪（P135参照）

て情報の提供という意味では十分といえない状況となっている。

　そこで、在宅の親子が日中集まる公園で園行事のチラシを配布するなどしてアピールする。また、園独自に育児経験のあるボランティアにも参加してもらい、子育ての知恵やコツを話してもらう。さらに、専門職である看護師、栄養士と共に子育て相談を充実させ、地域に開かれた園であることを広報し、活用してもらえる環境を作る。

　第3に、職員の意欲を高めていく。

　長時間保育となっているため、全員揃う会議がなかなか開けず、情報の共有化が図れない状況になっている。また、時間内の研修は困難であり、保育士の向上心を維持できにくい環境にある。

　まず、私は、会議の記録や議題を事前に回覧し、短時間で効率よく会議を進めると共に、議論の焦点を絞ることで、内容の充実を図る。次に、職員の意見や発想を園行事やクラス運営に取り入れる。

　そのようなことを重ねていき、モチベーシ

ョンを維持できるよう働き掛けていく。

3　未来の保育行政を目指して

　保育園は、地域の子育ての拠点として、在園、在宅の親子双方が顧客であることを職員誰もが意識していかなければならない。誰もが育児を楽しみ笑顔で暮らせる地域を創っていくことが私の使命である。私は、福祉職のリーダーとして専門知識と豊かな人間的魅力を持ち、率先垂範し、職員の手本となれる園長を目指していきたい。

8　セルフチェックを行う

　この論文に関してのセルフチェックを行います。セルフチェックの項目は、第5章の3（3）（4）で詳細を示しましたが、以下のとおりです。

1）内容面のチェック
〈論文全体を通じて〉
　①テーマを理解し、テーマに即した論文となっているか。
　②読んでいてすっきり読めない部分はないか。
　③主語と述語の関係がそぐわないものはないか。
　④文意が取れないところはないか。
　⑤試験区分（管理職、係長、主任）に沿った立場で書かれているか。
　⑥くどい表現、くだけすぎた表現、唐突な文章など、論文にふさわしくない表現はないか。
　⑦安易に自らの自治体を批判した箇所はないか。
　⑧単なる事実の羅列となっていないか。
　⑨いわゆる「べき論」や評論家的文章となっていないか。
　⑩住民の立場に立った内容となっているか。
　⑪論理的なつながりが作られているか。「～であるので～する」「～であるから～と考える」「～なので～する」など、前後に論理的なつながりが作られているか。理由が明示されているか。

2）課題と解決策の章
　①解決策に重複した部分はないか。
　②解決策が問題、課題と整合しているか。
　③解決策に具体性があるか。

3）形式面のチェック
　①全体の字数制限は守られているか。
　②各章の字数は、想定した範囲に収まっているか。
　③見出し、小見出しは正しく挿入されているか。
　④まとめの章で新たな提案などを書き込んでいないか。
　⑤「思われる」「であろう」などの推量的な表現が使われていないか。
　⑥原稿用紙の使い方は守られているか。
　⑦読みやすい字で書かれているか。
　⑧１文が、３行を超えているものはないか。
　⑨専門用語や外来語の使用で分かりにくくなってないか。
　⑩誤字、脱字はないか。
　⑪略字は使われていないか。

　以上のとおりですが、これらのチェックポイントを見ながら、論文を読み返してみます。

9 修正を加える

セルフチェックに合わせて、この論文を見直します。

①全体のバランスを見ると、第1章が約18行で360字分（テーマは、本文の量に算定しない）、第2章が47行で940字分、第3章が9行で180字分、計74行1480字分で1500字以内に納まっています。

②第1章で、ℓ3～4の出だしの表現ですが、良く使われる表現ですので工夫が欲しと思います。数字を使った表現に直してみます。

③ℓ10に「育児経験がない……虐待につながる」という箇所がありますが、少し短絡的に書かれていてすんなり読めません。表現を変えてみます。

④ℓ13に「少なくない」という表現も気になります。場合によっては使われますが、二重否定の表現ですのであまりおすすめしません。

⑤ℓ13に「と思われる。」とありますが、推量的な表現は避けましょう。ただし、ℓ17の「と考える。」は、論者が考える内容のため問題ありません。

⑥第2章の導入文に、「以下のように取り組んでいく。」としてありますが、取り組む具体的な数を出すよう心がけましょう。

⑦ℓ28「ネグレクトにつながるケースもみられる。」としていますが、ネグレクトは虐待に当たりますので、「つながりかねないケースもみられる。」としてはいかかでしょうか。

⑧ℓ30～37の部分ですが、園長自ら行うのか、担当の保育士が行うのかわかりづらくなっておりますので、主体を明確に示すように修正すべきと思います。

⑨ℓ33、ℓ36に、「べきである。」「べきと考える。」とべき論となっています。自分の責任で対応するという意識で修正する必要があります。

⑩ℓ37の「そうすることで、……」は、解決策に取り組むことでどのような状況になるのかを示す部分です。「支援していく」では合わないため修正します。

⑪ ℓ43に「工夫に乏しく」という表現やℓ44の「片手間程度の育児相談」という評価などは、過去の取り組みを安易に否定しているように読めてしまいます。

⑫ ℓ47で「在宅の親子が日中集まる公園」でアピールする場所としては意味がありますが、もう少し確実な方法なども考えたいものです。

⑬ ℓ52のただ「子育て相談を充実させ」と書いてもイメージが湧きませんので、具体例などを入れるとわかりやすいかと思います。

⑭ ℓ56の「長時間保育となっているため、全員揃う会議がなかなか開けず、……」とありますが、その理由は長時間だからですか、それとも長時間保育に伴う勤務の特殊性が原因ではないでしょうか。読み手にわかるような丁寧さも必要です。

⑮ ℓ58では、「時間内の研修は困難であり」としていますが、理由が示されていないので、理由を補って修正してみます。

⑯ ℓ64で、「次に、職員の意見や発想を園行事やクラス運営に取り入れる。」としていますが、具体的にどのようなものを取り入れるのか、具体例があれば、わかりやすいと思います。

⑰ ℓ70～「職員誰もが意識していかなければならない。誰もが育児を楽しみ笑顔で…中略…使命である。」の箇所で、「誰もが」を2回使っています。始めは職員で、2つ目は子育てをする保護者を示します。読み手が誤解しないように表現を改めます。

⑱ ℓ73「福祉職のリーダーとして」と幅広な表現にしていますが、最後の決意表明ですので、自分の立場を明確にすべきと思います。

10 完成論文として清書する

以上の点を修正し、完成論文として清書します。

テーマ　顧客志向のサービス向上

1　顧客は、在園および在宅の親子

　０歳児の受け入れが25園、延長保育も全ての公立園で実施している。このように、市は、子育て支援のため、低年齢児保育の拡大や延長保育の充実、地域支援など様々な取り組みを進めている。各保育園においても、保護者の生活スタイルの変化に合わせ柔軟な対応を行なっている。　(ℓ5)

　一方で、在宅の子育て家庭の中には、周りに相談相手がおらず、孤立化し、ひいては虐待に至るケースも出ている。　(ℓ10)

　私は、在園児とその保護者はもちろん、地域で子育てをする在宅の親子も保育園の顧客と捉え、顧客志向のサービスを提供することが必要と考える。そのためには、園目標に在宅の子育て家庭も顧客と明確に位置付け、実践的な支援をしていかなければならない。　(ℓ15)

2　子育て環境の充実を図る

　保育園において顧客志向のサービスを提供するため、次の3点に取り組んでいく。

　第1に、在園の保護者の子育てを支援する。

　保護者から、病児保育の実施や延長保育時間の更なる拡大等、親子関係が希薄になるような要望も増えている。また一部の保護者の中には子どもへの関心が薄くなり、ネグレクトにつながりかねないケースもみられる。

　クラス担当の保育士に、保護者の話に良く耳を傾け、気持ちに寄り沿うよう指導する。担当保育士が、育児のアドバイス等により保護者を精神面から支えていき信頼関係を築く。

　次に、送り迎えの際にも、帰宅後親子の会話が弾むよう、園での出来事や子どもの成長の様子をこまめに伝えていく。そうすることで、保護者は短時間でも子どもと向き合い会話する時間がとれるようなっていく。

　第2に、地域に開かれた保育園を目指す。今までも掲示板にポスターを貼るなど園行事へ参加を呼び掛けて地域の親子との交流を図ってきたが、参加者は限られていた。また、

交流会などで育児相談や子育て情報を心掛けていたが十分でない状況となっている。
　そこで、在宅の親子が集まる健康診断の会場や公園に出向きチラシを配布し、園行事をアピールする。また、園独自に育児経験のあるボランティアに参加してもらい、子育ての知恵やコツを話してもらう。さらに、専門職である看護師、栄養士に子育て相談の曜日を定めるよう指示し、地域に開かれた園として広報し、活用してもらうための環境を整える。
　第3に、職員の意欲を高めていく。
　長時間保育に伴い変則の勤務形態であるため、全員揃う会議がなかなか開けず、情報の共有化が図りにくい状況になっている。また、時間内の研修は保育の態勢に影響が生じるため困難であり、職員の向上心を維持しにくい面がある。
　まず、私は、会議の議題を事前に回覧し、短時間で効率よい会議を開く。その際には、議論の焦点を絞ることで、内容の充実を図る。次に、職員の良い意見やアイデア、改善につながる提案を園行事やクラス運営に取り入れ

ていく。そのようなことを重ねていくことで、職員のモチベーションを維持・向上することにつなげていくことができる。(ℓ65)

3　未来の保育行政を目指して

　保育園は、地域の子育ての拠点として、在園、在宅の親子双方が顧客であることを職員全員が意識しなければならない。子育てをする保護者誰もが育児の楽しさを知り、笑顔で(ℓ70)暮らせる地域を創っていくことが私の使命である。私は、園長として専門知識と豊かな人間的魅力を持ち、率先垂範し、職員の手本となるよう努力を惜しまない。

第7章 直前対策 ─ 修正パターンの把握

　ここは必読です。自分の用意した論文のテーマが試験当日のテーマと同じになることはごく稀なことです。本番では必ずといってよいほど、テーマに合わせる作業が必要となります。このテクニックがある意味合否の鍵を握ることにもなります。

1 テーマに合わせる方法
　（1）どこの箇所を修正するのか
　（2）第1章の修正の仕方
　（3）用意したテーマと実際に出されたテーマ
　（4）修正の考え方
　（5）具体的な適用法

1 テーマに合わせる方法

　本番の論文試験で、自分の用意したテーマがそのまま出題されることはまずないと思ってください。主旨の近いものはあっても全く同じテーマの出題はごく稀なことです。違ったテーマが出題された場合、その場で白紙の状態からレジュメを作り、論文完成まで持っていくことはかなり困難です。事実上無理かと思います。自分の用意したテーマと違った場合に、**用意した論文を修正して、**いかに**出題テーマに合わせられるかが合否の鍵**ともいえます。
　ここでは、出題されたテーマと自分の用意したテーマとが違った場合の対処法について伝授していきます。

（1）どこの箇所を修正するのか
　テーマは、その論文を貫いている太い幹です。そのテーマに枝や葉がつき論文という樹が完成していくものです。いままで、パズルメソッドで述べてきたことは、個々のピースを作り、それを集めて1つのパズルを完成するように論文を作りあげるという流れです。
　個々のピースの中で、最も重要となるのは、第1章のピースです。与えられたテーマを読み取るために、テーマの中のキーワードを見つけ、それを分析していくことでピースを作っていくことができます。
　試験当日のテーマは、自分の用意したテーマと違うことがほとんどです。よって、示されたテーマに合わせて第1章を修正することが必要となります。第1章でテーマに即した修正ができれば、テーマに合った論文であることを採点官に示すことができます。
　さらに採点官に、テーマに合った論文であることをアピールするためにもう一工夫したいものです。具体的には、論文全体にテーマの幹が通っていることを示すため、各章で、テーマに触れることや、キーワードを引用するなどして論ずることです。それにより、一層良い評価が得られることでしょう。

（2）第1章の修正の仕方

　ここが最大のポイントです。具体的な方法論は以下の項で述べますが、ここでは基本的な考え方を示します。

　自分で用意した論文のテーマが2〜3つあると仮定します。その論文の性格をあらかじめ確認しておきます。その視点としては、「管理もの」か「課題もの」か、外部の市民に対するものか、内部の職員に働きかけるものかなどを挙げることができます。同様に、サービスを提供していくものか、管理的な側面が強いものかなどです。

　そして、その分析された論文のどれにもっとも近いかを判断して、性格的に近いものを使って修正するのが一番の早道です。

（3）用意したテーマと実際に出題されたテーマ

　ここでは、自分の用意したテーマと実際に出題されたテーマとを示します。それぞれのテーマを分析し、出題されたテーマをいかに自分の用意したテーマに結びつけ論旨が通るようにするかを学びます。

テーマ分析表

		項目、内容	特徴		
			内部・外部	市民・職員	サービス・管理
自分の用意したテーマ	A	顧客志向のサービス提供	外部	市民	サービス
	B	専門性・技術性の向上と職場の活性化	内部	職員	管理
	C	創造性豊かな職員の育成			
試験で与えられたテーマ	D	多様な住民の要望に応えていくためにはどうすべきか	外部	市民	サービス
	E	市民への説明責任を果たしていくにはどうすべきか	外部	市民	サービス
	F	経験豊富な職員が退職していく中でのサービスの向上について	外部	市民	サービス
			内部	職員	管理
	G	地域の力や市民協働による社会が望まれているがどのように対応すべきか	外部	市民	サービス
	H	職種の異なる職員間で協力して仕事を進めるにはどうすべきか	内部	職員	管理

前ページの表のとおり、あなたの用意した論文はA、B、Cの３本だとします。自分で用意した論文の特徴をあらかじめつかんでおきます。その方法は、３つの視点で分類するものです。

　１つ目は、外部に向けたものか、内部に向けたものか。２つ目は、市民を対象とするか、職員を対象とするか。３つ目は、サービスを提供するものか、管理に関するものかです。

　A論文の特徴をみると、「顧客志向のサービス」をテーマにしているため、対象は「市民」への「サービス」。その市民は、行政内部でなく外部の方にあたるため「外部」に関するものとなります。よって、この論文の特徴を、「外部向け」、「市民」、「サービスもの」と位置付けます。

　以下同じようにB、Cについても３つの視点（①外部向きか内部向きか、②市民か職員か、③サービスものか管理ものか）でテーマを分析します。そうするとB、C共に「内部向け、職員、管理もの」と位置付けられます。

　次に試験当日にテーマがあたえられますが、そのテーマと自分の用意した論文（この場合であれば、A～C）の中で何が最も近いかを判断します。

　基本的には論文の性格が近いものが書きやすいと思います。しかし、ここでは論文の性格が近いかどうかに関わらず、下表の「修正対応表」のように修正を行なってみます。すんなり修正できるものや少し無理があるものもありますので見極めてください。

修正対応表（外：「外部向け、市民、サービスもの」、内：「内部向け、職員、管理もの」）

与えられたテーマ		自分が用意した論文
D	多様な住民の要望に応えていくにはどうすべきか（外）	A 顧客志向のサービス提供（外）
		C 創造性豊かな職員の育成（内）
E	市民への説明責任を果たしていくにはどうすべきか（外）	A 顧客志向のサービス提供（外）
		B 専門性・技術性の向上と職場の活性化
F	経験豊富な職員が退職していく中でのサービスの向上について（内）	A 顧客志向のサービス提供（外）

| G | 地域の力や市民協働による社会が望まれているがどのように対応すべきか（外） | C | 創造性豊かな職員の育成（内） |
| H | 職種の異なる職員間で協力して仕事をするためにはどうすべきか（内） | B | 専門性・技術性の向上と職場の活性化（内） |

修正をする手順は以下のとおりです。

修正をする手順表

順番	修正をする手順
第1	テーマの分析：与えられたテーマを3つの視点から分析
第2	自分の論文を選択：自分の用意した論文の中で何が近いかを判断
第3	修正方針決め：修正する方針、修正箇所を決める
第4	修正作業：骨格シートの作成手順に沿って修正する

（4）修正の考え方

単純に説明すると、「与えられたテーマ」≠「自分の用意したテーマ」の状況にあるものを、「与えられたテーマ」≒「自分の用意したテーマ」にする作業です。自分の用意したものがズバリ的中することはないため、「与えられたテーマ」＝「自分の用意したテーマ」とはなりません。そこで、「与えられたテーマ」⇒「自分の用意したテーマの結論」に導ければよいわけです。

例を挙げると、上記の『修正対応表』の「地域の力や市民協働による社会が望まれているがどのように対応するか」（G）に対して、「創造性豊かな職員の育成」（C）をすることで、より良い市民協働による社会が達成できれば良いわけです。結論の部分が、「創造性豊かな職員の育成」をすることで「市民協働による社会を達成する」となるように修正していきます。

（5）具体的な適用法

それでは、修正する手順や大まかな考え方がわかったところで、与えられたテーマが自分の用意したテーマと違った場合に、実際にどのように修正していくか、具体的に示していきます。「修正対応表」の順に具体的に修正のし方を示していきます。

1）適用例1

「多様な住民の要望に応えていくにはどうすべきか」（D）を「顧客志向のサービス提供」（A）で修正する方法です。

前提

①自分の用意したテーマ：「顧客志向のサービス提供」（A）
②自分のテーマの分析⇒『外部向き、市民、サービスもの』となります。
③用意した「顧客志向のサービス提供」の骨格シート

背　景	
現状、分析、ギャップ	高齢社会、少子化、人口減少、所得格差など社会、経済環境が目まぐるしく変化している。
小結論	顧客は住民であり、個々の住民の志向にあったサービスの提供が必要。
方向性	住民を顧客と捉える意識改革、個々の住民のニーズを把握し、ニーズに合わせたサービスをきめ細かく提供していく。

④修正の考え方

与えられたテーマである「多様な住民の要望に応えていくためにどうすべきかあなたの考えを述べなさい。」について、P145の「修正をする手順表」に従って修正を行います。

第1は「テーマの分析」です。与えられたテーマを3つの視点から分析します。対象は、『多様な住民』なので、「外部向き」で「市民」が対象かと思います。『要望に応えていくためにどうすべきか』の分析は2種類考えられ、要望に応えていくためにサービスの向上を図るか、要望に応えていくために職員に働きかけるかという2通り考えられますが、ここでは素直にサービスの向上を図ると考え、「サービスもの」と区分けします。よって、このテーマは、『外部向き、市民、サービスもの』と捉えます。

⑤第2は、「自分の論文を選択」です。自分の用意した論文の中で何が近いかを判断しますが、ここでは用意したテーマを「顧客志向のサービス提供」として進めます。用意した論文のテーマ分析は、『外部向き、市民、サービスもの』となるため、与えられたテーマと方向性は一致しています。

⑥第3は、「修正方針決め」です。修正する方針、修正箇所を決めていく作

業です。ここが肝となります。与えられたテーマは、「多様な住民の要望に応えていくためにどうすべきかあなたの考えを述べなさい。」の中の『多様な住民の要望』とは何かを考えます。

　職員が接する住民は、集合体としての住民ではなく、子育てをしている方、ひとり親世帯、高齢者、障がいがあるなど、一人ひとり事情を抱える生身の人間と捉えます。また個々に住んでいる地区や居住環境、交通の便利な所なのかなど、地域の違いや特色もあるはずです。個々の市民の事情に合わせたサービスが求められるはずです。そう考えると、自分の用意した論文の小結論である「顧客は住民であり、個々の住民の志向にあったサービスの提供が必要」に結びつけられそうです。修正する箇所は、『多様な住民』に対し一人ひとりを顧客と捉えるという方向で修正します。

⑦第4は、「修正作業」です。骨格シートの作成手順に沿って修正することになります。用意した骨格シートの小結論部分に修正を加え、「顧客である住民の志向にあったサービスの提供が必要」から、「多様な住民の要望に応えていくためには、住民一人ひとりを顧客と捉え、個々の住民の事情にあったサービスの提供が必要」と変更します。また、背景や現状、方向性も、与えられたテーマのことばを引用して論旨に合わせ、以下のとおり修正します。

修正を加えた骨格シート

背景	高齢・少子社会が進展し、市民は、個々の事情にあわせた生活スタイルを選択している。価値観も変化しており、市民の要望はさらに複雑・多様化している。
現状	今までは、万人受けするサービスを提供しており、それで良しとすることが多かった。
小結論	多様な市民の要望に応えていくためには、市民一人ひとりを顧客と捉え、個々の市民の事情にあったサービスの提供が必要となる。
方向性	市民を顧客と捉え、相談体制を強化するなど、個々の市民のニーズを把握し、ニーズに合わせたサービスを提供していく。

2）適用例2

「多様な住民の要望に応えていくためにはどうすべきか」（D）を「創造性豊かな職員の育成」（C）で修正する方法です。

前提

①自分の用意したテーマ：「創造性豊かな職員の育成」（C）
②自分のテーマの分析⇒『内部向き、職員、管理もの』
③用意したテーマ「創造性豊かな職員の育成」の骨格シート

背景	地方分権の時代となり、それぞれの地域では特色を生かした自治体間競争を展開している。
分析、ギャップ	既成の考え方にとらわれない発想や積極性に満ちた行動により地域の課題に取り組む必要がある。
小結論	そのためには、前例にとらわれず、地域と共に活動する創造性豊かな職員の育成が欠かせない。
方向性	柔軟な発想でチャレンジする職員を応援する職場を作る。地域の皆さんと協働してまちづくりのできるファシリテータ能力を育てる。

④第1は「テーマの分析」で、「多様な住民の要望に応えていくためにどうすべきかあなたの考えを述べなさい。」は、前述のとおり『外部向き、市民、サービスもの』です。

⑤第2は、「自分の論文を選択」で、「創造性豊かな職員の育成」は、②のとおり、『内部向き、職員、管理もの』となるため、与えられたテーマと方向性は一致していません。

⑥第3は、「修正方針決め」です。『内部向き、職員、管理もの』で用意したため、『外部向き、市民、サービスもの』であるテーマを内部ものに修正します。単純にいえば、「多様な住民の要望に応えていくためには、想像性豊かな職員の育成が必要である。」というように書きたいわけです。

用意した論文の骨格シートの「分析欄」に、『既成の考え方にとらわれない発想や積極性に満ちた行動により地域の課題に取り組む』としてあります。これを生かして、多様な住民の要望に応えていくためには、画一化されたサービスだけではなく、その住民に即したサービスを提供することができないか、そのためのネックは何かを考え、既成の考え方にとらわれ

ない発想で対応すると修正できそうです。
⑦第4は、「修正作業」です。小結論で「地域と共に活動していく職員」という箇所も、「多様な住民の要望に応えて」の意味を地域ごとの特色や地域の要望とすれば、その地域で「地域と共に活動していく職員」とし、与えられたテーマに合わせていくことができます。

修正を加えた骨格シート

背　景	住民の要望は、その人ごとの生き方、暮らし方によって変わり、多様化、複雑化してきている。
分析、ギャップ	多様な住民から様々な要望が寄せられるが、現状では画一化されたサービスを提供している。そのネックを取り除き、既成の考え方にとらわれない発想で対応する必要がある。
小結論	そのためには、地域の特色や地域の要望に沿って共に活動し、解決策を見出すことのできる創造性豊かな職員の育成が欠かせない。
方向性	柔軟な発想でチャレンジする職員を応援する職場を作る。地域の皆さんと協働してまちづくりのできるファシリテータ能力を育てる。

3）適用例3

「市民への説明責任を果たしていくにはどうすべきか」（E）を「顧客志向のサービス提供」（A）で修正する方法です。

【前提】
①自分の用意したテーマ：「顧客志向のサービス提供」（A）
②自分のテーマの分析⇒『外部向き、市民、サービスもの』
③「顧客志向のサービス提供」の骨格シート
　適用例1に記載した表を参照してください。
④第1は「テーマの分析」で、「市民への説明責任を果たしていくにはどうすべきか」は、前述のとおり『内部向き、職員、管理もの』となります。
⑤第2は、「自分の論文を選択」で、「顧客志向のサービス提供」は、②のとおり、『外部向き、市民、サービスもの』で、今回は、内部向きのテーマを外部向きで修正する例です。

⑥第3は、「修正方針決め」です。「市民への説明責任を果たしていく」とは、どういうことかを考えてみます。一般的には、行政が策定する計画や事業を目的、予算、内容、効果などを住民の納得を得られるように説明することです。住民の血税で運営されている行政が税の負担者に説明するのは当たり前のことです。一方、「顧客志向のサービス提供」は、サービスを提供する側の行政が顧客の志向に合わせて行うというものです。顧客の志向に合わせるためには、なぜそのサービスを提供するのか、どのように提供すれば顧客にとって効果的なものとなり、住民に納得してもらえるのかを考えます。サービスを提供する段階においても、市民への説明責任を果たしていくことは重要と考えられます。

⑦第4は、「修正作業」です。「市民への説明責任を果たす」ことが求められる場面は、税金の使われる段階と考え、背景に挿入します。予算は事前に議会の承認を得ていますが、事業の執行段階においてもその旨を示す必要があることを記述します。小結論で、事業の執行段階においてもきめ細かく対応するため、市民を顧客として捉える必要性を述べます。

修正を加えた骨格シート

背景	税金が無駄に使われていることはないかなど、税金の使われ方について住民は厳しい目で見ている。
現状、分析、ギャップ	予算執行については、議会の承認を得ているが、事業の執行段階においても市民に、事業の意義、内容、効果などを説明し納得を得た上で提供することが望まれる。
小結論	市民が納得できるサービスを提供するためには、サービスを受ける側の市民を顧客と位置づけ、事業の試行段階においても説明責任を果たしていく必要がある。
方向性	住民を顧客と捉える意識改革、個々の住民のニーズを把握し、ニーズに合わせたサービスをきめ細かく提供していく。

4）適用例4

「市民への説明責任を果たしていくにはどうすべきか」（E）を「専門性・技術性の向上と職場の活性化」（B）で修正する方法です。

前提

①自分の用意したテーマ:「専門性・技術性の向上と職場の活性化」(B)
②自分のテーマの分析⇒『内部向き、職員、管理もの』
③用意したテーマ「専門性・技術性の向上と職場の活性化」の骨格シート
④用意したテーマの骨格シート

背景	昭和40～50年代にかけて整備してきた公共施設の多くが、更新時期を迎えている。施設の更新に際し投資額の低減、平準化やライフサイクルコストの縮減を図り、公共サービスを持続的に提供する必要がある。
現状、ギャップ	30年以内に首都直下地震の発生が予測されてから10年近くたっており、早急に公共施設の安全性を確保しなければならない。
小結論	安全で、利用しやすい公共施設を持続的に提供していくため、これまで以上に技術職員の専門性を磨き、組織力を高めていくことが重要となる。
方向性	専門的な立場から、施設の長寿命化や適切な更新など、公共施設のアセットマネジメントの取り組みを進める。自己の技術力の向上と共に組織としての技術力を向上させ職場を活性化させる。

⑤第1は「テーマの分析」で、「市民への説明責任を果たしていくにはどうすべきか」は、前述のとおり『内部向き、職員、管理もの』となります。

⑥第2は、「自分の論文を選択」で、「専門性・技術性の向上と職場の活性化」は、②のとおり、『内部向き、職員、管理もの』で、今回は、内部向きのテーマを内部向きで修正する例です。

⑦第3は、「修正方針決め」です。「市民への説明責任を果たしていく」とは、適用例3で示したとおり、一般的には、行政が策定する計画や事業を目的、予算、内容、効果などを住民の納得を得られるように説明することです。一方、「専門性・技術性の向上と職場の活性化」は、現在多くの施設が更新時期を迎えている中で、いかに技術力を向上させ公共の施設サービスを持続的に提供していくかが課題です。そこで、施設サービスを維持するために多額の費用を要する中にあって技術職員が市民にどのように説明責任を果たしていくかを述べることになります。技術職員だからこそできる説明をいかに市民に届け、市民に納得してもらえるのかと考えます。

施設サービスを持続的に提供していくため、技術職員の果たす役割は益々重要となります。

⑧第4は、「修正作業」です。小結論に、「税金が使われることで、説明責任を果たす必要がある」というフレーズを挿入します。修正前は、「技術力を向上させ職場を活性化させる」という点を改め、「職場を活性化させ技術的立場から説明責任を果たす」という表現に変えてみました。

修正を加えた骨格シート

背　景	現在多くの公共施設が、更新の時期を迎えている。施設の更新には多額のコストを要する。一方で高齢者対策、待機児の解消など待ったなしの課題も山積している。
現状、ギャップ	30年以内に首都直下地震の発生が予測されてから10年近くたっており、早急に対応しなければならない状況になっている。
小結論	技術職員は、安全で、利用しやすい公共施設を持続的に提供できるように、これまで以上に職員の専門性を磨き、組織力を高めていくことが重要となる。そこには市民の血税が使われることを常に意識し、市民に対して説明責任を果たす必要がある。
方向性	専門的な立場から、施設の長寿命化や適切な更新など、公共施設のアセットマネジメントの取り組みを進める。職場を活性化させ技術的立場から説明責任を果たせるよう意識を持った職場づくりを進めていく。

5）適用例5

「経験豊富な職員が退職していく中でのサービス向上について」（D）を「顧客志向のサービス提供」（A）で修正する方法です。

[前提]

①自分の用意したテーマ：「顧客志向のサービス提供」（A）
②自分のテーマの分析⇒『外部向き、市民、サービスもの』
③「顧客志向のサービス提供」の骨格シート
　適用例1に記載した表を参照してください。
④第1は「テーマの分析」で、「経験豊富な職員が退職していく中でのサー

ビス向上について」は、『内部向き、職員、管理もの』となります。
⑤第2は、「自分の論文を選択」で、「顧客志向のサービス提供」は、②のとおり、『外部向き、市民、サービスもの』で、内部向きのテーマを内部向きで修正する例です。
⑥第3は、「修正方針決め」です。「経験豊富な職員が退職していく中でのサービス向上」の必要性を考えます。経験豊富な職員の退職は行政の内部事情です。行政の継続性を考えれば、どのような状況にあっても、サービス水準を高めていくことが求められます。市民の税金で運営されている行政は、その負託に応えていく責任があります。今回の修正は、行政内部の様々な事情があっても高いサービス水準を維持していくという方向で考えればよいかと思います。
⑦第4は、「修正作業」です。背景として「経験豊富な職員が退職していく」という事情を書き込みます。方向性では、経験豊富な職員の暗黙知の継承が図られるような方策を示していきます。

修正を加えた骨格シート

背景	技術力がある、また経験豊富な職員が退職していく中で、その暗黙知の継承はなかなか容易ではない。
現状、ギャップ	今までは、前例に沿って、画一化されたサービスを提供してきた。社会が目まぐるしく変化する中で、市民は、多様なニーズを行政に求めている。
小結論	経験豊富な職員が退職していく中にあっても、市民が納得できるサービスを提供するためには、市民を顧客と位置づけ、説明責任を果たしていく必要がある。
方向性	住民を顧客と捉える意識改革を図る。暗黙知の継承ができるように、ＯＪＴ、研修につとめ、市民のニーズを把握し、ニーズに合わせたサービスをきめ細かく提供していく。

6）適用例6

「地域の力や市民協働による社会が望まれているがどのように対応すべきか」（G）を「創造性豊かな職員の育成」（C）で修正する方法です。

> 前提

①自分の用意したテーマ:「創造性豊かな職員の育成」(C)
②自分のテーマの分析⇒『内部向き、職員、管理もの』
③「創造性豊かな職員の育成」の骨格シート
　適用例2に記載した表を参照してください。
④第1は「テーマの分析」で、「地域の力や市民協働による社会が望まれているが、どのように対応するか」は、『外部向き、市民、サービスもの』となります。今回は、外部向きのテーマを内部向きのテーマで修正する例です。
⑤第2は、「自分の論文を選択」で、「創造性豊かな職員の育成」は、②のとおり、『内部向き、職員、管理もの』で、今回は、外部向きのテーマを内部向きのテーマで修正する例です。
⑥第3は、「修正方針決め」です。「地域の力や市民協働による社会が望まれているがどのように対応するか」について考えてみます。
⑦第4は、「修正作業」です。市民協働は、市民の協力よりもさらに進んだ連携の状態で、まちづくり、福祉、防災など市民の皆さんも参画して共に課題解決を図っていく姿を示します。そのため、背景に行政だけで解決されない課題も増えていることを書きます。後は微修正で論旨を通していくことができると思います。

修正を加えた骨格シート

背　景	地方分権の時代となり、それぞれの地域で特色を生かした施策を展開している。しかし、市民が求めるサービスは幅広い分野となっており、行政だけで解決されない課題も増えてきている。
分析、ギャップ	地域の課題を解決していくためには、既成の考え方にとらわれない発想や地域と共に取り組む必要がある。
小結論	そのためには、前例にとらわれず、地域と共に協働して課題解決に導くことのできる創造性豊かな職員の育成が欠かせない。
方向性	柔軟な発想でチャレンジする職員を応援する職場を作る。地域の皆さんと協働してまちづくりのできるファシリテータ能力を育てる。

7）適用例7

「職種の異なる職員間で協力して仕事をするためにはどうすべきか」（H）を「専門性・技術性の向上と職場の活性化」（B）で修正する方法です。

【前提】

①自分の用意したテーマ：「専門性・技術性の向上と職場の活性化」（B）
②自分のテーマの分析⇒『内部向き、職員、管理もの』
③「専門性・技術性の向上と職場の活性化」の骨格シート
　適用例4に記載した表を参照してください。
④第1は「テーマの分析」で、「職種の異なった職員間で協力して仕事をするためにはどうすべきか」は、『内部向き、職員、管理もの』となります。
⑤第2は、「自分の論文を選択」で、「専門性・技術性の向上と職場の活性化」は、②のとおり、『内部向き、職員、管理もの』で、今回は、内部向きのテーマを内部向きで修正する例です。
⑥第3は、「修正方針決め」です。与えられたテーマを考えてみますと、「職員間で協力して仕事をする」こと自体は当たり前のことです。そこに「職種の異なった職員間」という一見迷わすようなことばが入っています。

　職種の異なる職員がいる例として、まちづくりの職場には、事務職、建築職、土木職がおり、保育園にも、保育士、看護師、栄養士がいます。職種が異なれば協力することはないということもありえません。しかし、職務内容や事務分担が異なることで、仕事のつながりが希薄になったりして職員間の連携が上手くいかなくなることも現実には出てきます。職種の異なった職員間で連携・協力することが専門性・技術性の向上と職場の活性化につながると表現するようにします。

⑦第4は、「修正作業」です。職種の異なった職員間で協力して仕事をすることを、専門性・技術性の向上と職場の活性化につなげなければなりません。専門性・技術性の向上は、研修で学べるものもありますが、職種の異なった職員間で協力することによって、他分野のことを知ることで周辺知識が増すことや他職種の職員の考えを知ることで物事を広く捉えることができるなどの効用があります。背景に職員が結集して当たる必要性を述べ、現状では、上手くいっていない場合を示します。小結論に市民の負託

に応えていくために、連携・協力をすすめることが専門性をより磨き、組織力を高めることにつながるように書いていきます。

修正を加えた骨格シート

背　景	昭和40〜50年代にかけて整備してきた公共施設の多くが、更新時期を迎えている。公共施設のサービスを持続的に提供するためには、職員の英知を結集して当たる必要がある。
現状、ギャップ	まちづくりの職場には、事務職、建築職、土木職がおり、ともすると職務内容や事務分担が異なることで、仕事のつながりが希薄になるなどして職員間の連携が上手くいかなくなることもある。
小結論	安全で、利用しやすい公共施設を持続的に提供していくために、技術職員間の連携・協力をすすめることで専門性をより磨き、組織力を高めて市民の負託に応えていくことが重要となる。
方向性	専門職同士が協力体制を整え、施設の長寿命化や適切な更新など、公共施設のアセットマネジメントの取り組みを進める。自己の技術性の向上と共に組織としての技術力を向上させ職場を活性化させる。

第8章 本番対策 ―実力を出し切る「技術」の習得

試験日が近づくにつれ受験者には焦りが生じてきます。当日を迎えるための事前準備をして、試験の雰囲気にのまれないようにしたいものです。そのための準備方法を示しましたので参考にしてください。

1. 必ずレジュメを作る
2. 手書きの練習
3. 本番での心得
    - （1）時間配分
    - （2）「受けに来ている人」と「受かりに来ている人」
    - （3）見直し
    - （4）筆記用具等

1 必ずレジュメを作る

　いよいよ試験が近くなってくると焦りの気持も出てきます。この本を読んで、何か月も前から論文の準備をしてきたことを思えば、実力も付いてきていますし、焦る必要はありません。大事なことは、いかに本番でアウトプットできるかです。ここからは、何本かの完成論文を用意できたことを前提にお話しを進めます。

　自治体により相違がありますが、テーマが複数提示され、そのうちから1つを選んで論述する場合が多いかと思われます。

　その場合には、まず、どのテーマを選ぶべきかの判断に迫られます。自分の用意したものに近いものが良いわけですが、前章の「直前対策―修正パターンの把握」の分析手法を使って、テーマを選ぶようにします。

　次に、選んだテーマが自分の用意したものに合致するしないにかかわらず、必ずレジュメ作りをしてください。「レジュメを作る時間がもったいない」、「既に書く内容は頭に入っている」としてすぐに書き出す受験者がいます。ですが、実際には本番の緊張感の中、自分が用意した論文でさえ、正確に再現できなくなることもあります。ですから、レジュメを作ることによって、書く内容を整理してから、本文を書き始めてください。テーマが用意したものと違った場合には、さらに入念にテーマに合わせる必要が出てきますので、レジュメ作りはさらに重要となります。

　「必ずレジュメ作りをする」こと。これを肝に銘じてください。そうすることで、気持ちが落ちつきますし、何よりも書き出し後の大きな失敗を回避できます。

2 手書きの練習

　今までは、パソコンを使って論文のレジュメや本文の内容を固めていく作業をしていました。試験本番は手書きで論文を作成しなければなりません。直前段階になると試験本番に合わせて自分で書く練習をする必要があります。実際に書く練習には、2つの意味がありますので、その点を意識してください。

　第1は、手書きによる作業時間を把握することです。手書き練習の際にもレジュメを10〜15分程度で作り、指定された文字数の論文を書きます。物理的な量としての論文を書くのに、どれほどの時間を要するのかを自分で確認する作業です。この時間を把握することが本番の際に焦らずに対応できる糧となります。

　また、わかりやすい字でゆっくり書く場合にかかる時間、少し早目に書くと時間はどう変わるのかなど、何度かシミュレーションして、1本書くために要する時間の把握をします。その時間を体で覚える感覚も必要でしょう。

　第2には、第1のことができた後に、本番さながらに書く練習をすることです。レジュメ作りから本文を書き終えるまで途中休憩を入れずに続けます。これは、本番と同じ環境の中で、継続して集中するための訓練です。手の疲れ、鉛筆の摩耗なども確認します。

　また、本番試験ではあなたのまわりに大勢の受験者がいて、一斉に鉛筆を走らせる音、咳払いなどが耳に入ってきます。決して快適な環境ではありません。ある受験者から聞いた話ですが、たまたま隣に座った職員が消しゴムをよく使う方で、使うたびに机をガタガタ揺らすので、論文に集中できなかったとのことです。

　私も、周りに人がいる図書館やファミリーレストランなどで、書く練習をしました。みなさんも本番1週間前くらいに実践されることをおすすめします。

3　本番での心得

（1）時間配分
　たとえば、2時間が論文の試験時間とした場合、レジュメ作り、論文の手書き、見直しにそれぞれどの程度の時間を配分するかです。前ページで論文を書く時間を把握したことと思います。その時間は、必ず確保しなければなりません。本文の手書きに60分かかるのであれば、レジュメ作りに20分かけ、見直しに10分かかってもまだ30分余裕があります。
　下欄の時間配分式に自分の時間を当てはめてみてください。目安ですが、レジュメ作りに15分〜20分を充てること。本文を書くことに60〜80分（個人差あり）で仕上げ、見直しに10分は確保してください。

```
＜時間配分式＞
試験時間 －（レジュメ作成＋本文作成＋見直し）＝ 余裕時間
上記の例　120分 －（20分＋60分＋10分）＝30分
あなたの場合　　　分 －（　　分＋　　分＋　　分）＝　　分
```

（2）「受けに来ている人」と「受かりに来ている人」
　試験会場は独特の緊張感があります。それはあなただけでなく誰もが感じていることです。そこで、まず、こう考えてください。
　「私は受かるためにこの場に来ているのだ」と。"受けに来ている人"と"受かりに来ている人"では気持ちが全く違います。受かりに来ている人は、提示されたテーマに合わせたレジュメ作りから入ります。よって試験開始直後から、鉛筆をガツガツ走らせることはしません。レジュメを作らずにすぐに鉛筆の音を立てて論文を書き始められるのは、以下の2つの場合です。
　1つは、完全に自分の用意した論文どおりのテーマが出た場合、もう1つは、テーマにかかわらず、とにかく暗記してきた論文を再現しているだけの

場合です。自分の用意したとおりのテーマが出た場合でも、緊張する中で完璧に再現することは困難ですので、簡単にでもレジュメを作るべきです。一方、暗記してきた論文をただ書いている人は、テーマとの整合性が取れず、必ず大幅に減点されてしまいます。

前者の例は稀でしょうから、ほとんどの場合、すぐに論文を書き始める人は、後者の方で、試験を"受けに来ている人"です。競争率を上げるために貢献してくれているありがたい人達なのです。残念ながらまた来年も来なければならない人達なのです。その点、この本の読者は、**決して開始直後にすぐ論文を書き始めてはいけません**。

本文を書く時間は個人差があると思いますが、大事なことは自分のペースを守ること。周りの受験生の貧乏ゆすり、鉛筆やシャープペンシルの「ガッガッ」という机を叩くような音に惑わされないことです。周りの受験生で試験直後にすぐに書き始める人が多い場合には、しめしめと思うくらいの余裕をもって試験に臨みましょう。

(3) 見直し

見直しで注意することがいくつかあります。

---
①誤字脱字を直すこと
②大幅な書き直しが必要と判断した場合の対処
③見出しの内容に注意を払うこと
④最後まで粘ること

以上のうち、もっとも注意を要することが、②の「大幅な書き直しが必要と判断した場合の対処」でしょう。仮にA、B、Cの3つのテーマが出て、自分は、Aで大半を書いた後に、Bに変えようというのは、「大幅な書き直し」ではなく、「全面的書き直し」で、事前のテーマ選択のミスであり事実上合格は困難となります。**全面的な書き直しはやってはいけません**。このような事態にならないためのリスク管理が、事前のテーマ分析（P143）とレジュメ作りになります。

試験という独特の雰囲気の中で、テーマに合わせて論文を修正していくうちに大幅な修正を要するケースに陥ってしまった場合が、ここでいう「大幅な書き直し」です。どうすべきか、道は２つあると思います。
　１つ目が、修正できるかの時間を見計らい、**もっとも小さな範囲を修正して何とか論旨をつなげる方法**です。
　２つ目は、こじつけ的にでも、**何とか筋が通っていると思えれば、あえて大幅な修正を加えないこと**です。ここで焦って消しゴムを使い中途半端に直すと、その消し跡が汚く、見た目もよくありません。また、大幅修正した場合、文字数の調整ができず、空白部分を残すか、言いたい内容を十分書けないなどの事態が生じます。結果として、始めの内容よりも悪くなる恐れがあります。いずれにしても、自分の「余裕時間」をしっかりと把握する中で対処するしかありません。修正することで、より良い論文となるように考えて対処してください。

（４）筆記用具等

　まず、筆記用具です。鉛筆の堅さまで指定されている場合にはそれを使うしかありませんが、単に筆記用具の用意だけを指定されている場合には自分に合った、使い慣れた道具を使いましょう。筆記用具では、鉛筆派とシャープペンシル派がいると思います。
　私の場合、**２種類のシャープペンシル**を用意しました。0.9ミリと0.7ミリの太さのもので、**芯の堅さはＢ**でした。なぜ２本なのかですが、0.7ミリのものは本文用で、0.9ミリのものは、目立たせたい部分として見出し用として使いました。これは１例ですのでこのとおりにする必要はありませんが、シャープペンシルには太さを一定に保つことができる利点があります。**鉛筆派の方は、４、５本は用意**しなければならないでしょう。シャープペンシルにせよ鉛筆にせよ要は、書きなれたものがよいと思います。
　また、消しゴムですが、ある程度大きいもの、角があるもの、消しカスがまとまりやすいものがよいと思います。使いすぎていて角がなくなり黒ずんでいては、１文字だけ消したり、きれいに消すことができないので要注意です。**本番では２個用意**するくらいの対応も必要です。

次に、時計です。最近は携帯電話を時計代わりに使っている方も多くなりました。しかし、試験本番に携帯電話を使うことは禁止されていると思います。試験時間中は、電源を落とすよう指示されることも多いかと思われます。
　部屋に時計が掛かっている場合もありますが、使用が許可される一般的な時計は、必ず持参しましょう。みなさんは、以下の式で自分の時間を把握していると思います。

試験時間 －（レジュメ作成＋本文作成＋見直し）＝ 余裕時間

　自分の時間に合わせて試験時間が経過していると安心して受験できます。当日は、独特の雰囲気の中で、当初予定の時間とズレが生じることがあります。そんな場合も、余裕時間があなたを助けてくれます。自信を持って試験に臨んでください。

第9章 模範論文例

　模範論文例として、以下の5つのテーマを取り上げてみました。パズルメソッドの作成手順、キーワードの分析、第1章作成のためのアイデアを展開していく方法などを参考にしてください。

①職員の育成
②効率的な行政運営
③市民に開かれた行政の推進
④地域社会の変化と市政運営
⑤係の目標を達成するための組織運営

①職員の育成／発想シート

(2) キーワード
○職員の育成
職員の育成：職員を育成すること。
職員を育成するとは：係の中で、与えられた仕事だけを漫然と行っている職員もいる。組織の目標に対して、自分は何をすべきかを考え、自らの職務を常に見直しながら進めている職員もいる。目的に合わせて、自らが考え、行動できる職員の育成が求められる。
ここでは、どのように育成していくのかが問われてくる。

(1) 誰が取り組むのか
園長である私

(6) 背景を象徴するようなエピソードや統計数字など
「英語やリトミックなどを取り入れないのですか」との問い。

(5) 背景
子どもの将来のために役立つような英語、音楽、体操などの幼児教育を施してほしいとの要望。徐々に増えつつある様々なニーズ。

(3) キーワードの解明
Q なぜ「職員の育成」を行う必要性があるのか？
A 育成しないと、前例踏襲で、漫然と仕事をする職員が増えてしまう。
Q 「どのような職員」が望まれるのか？
A 社会の変化に対して、自ら考え、判断し、自律的に行動できる職員。
区民のニーズを的確に把握し、ニーズに応えようと創意工夫をする職員。
新たな分野であっても、区民サービス向上に向けて新規の分野に取り組んでいこうとする意欲ある職員。
Q どのように育てたらよいのか？
A 何事にもチャレンジさせてみる。面談により、個人目標を立てさせ、年間を通じた育成計画を立てる。担当業務を任せ、定期的な報告を求める。その都度、必要なアドバイスを行いつつ、最後まで行わせ達成感を持たせる。

テーマ

職員の育成

(4) 職員の育成を阻んでいる原因。現状、ギャップ
①園独自の取り組みや新たな事業が増えることを歓迎しない雰囲気がある。
②公立園は、横並びで、民間の保育園と違い独自色が出せないとの先入観がある。
③忙しくて、新たなことに挑戦する余裕がないとする意識。
④新たな分野に挑戦しなくても、従前の保育で十分であるとする意識。

(7) 小結論
・職員が保護者のニーズを捉え、工夫して応えていく努力を重ねれば保育園への信頼も厚くなる。
・信頼は保育園運営の礎。園長として、保護者のニーズを園運営に取り込む。

(8) 方向性、取り組むべきこと
・新たな分野にも挑戦しようとする意欲ある職員の育成が必要。

職員の育成／骨格シート

背景のピース（作成順④）

> 「英語やリトミックなどを取り入れないのですか」との問い。
> わが子の将来のため、幼児教育を希望する声が増えつつある。

現状、分析、ギャップのピース（作成順③）

> 公立園は、横並びの考え方
> 公立保育園は、教育面について独自色を出していない。
> そのため、従来どおりの保育の枠を変えられない園が多い。
> 保育士側にも、独自の取り組みや新たな事業が増えることを歓迎しない意識。

小結論のピース（作成順①）

> 職員が保護者のニーズを捉え、工夫して応えていく努力を重ねれば保育園への信頼も厚くなる。
> 信頼は保育園運営の礎。
> 園長として、園の職員全体が、保護者のニーズを園運営に取り込む意識で運営する。

方向性のピース（作成順②）

> （そのためには）
> 新たな分野にも挑戦しようとする意欲ある職員を育成していく。

レジュメ

(テーマ) 職員の育成		
第1章 【見出し】 保護者のニーズに応えるには		
①背景	何人かの保護者から「英語やリトミックなどを取り入れないのですか」と聞かれた。 わが子の将来のため、幼児教育を希望する声が徐々に増えつつある。	
②現状等	公立保育園は、教育面について独自色を出しにくく、従来どおりの保育の枠を変えられない園が多い。 保育士側にも、園独自の取り組みや新たな事業が増えることを歓迎しない意識。	
③小結論	職員が保護者のニーズを捉え、工夫して応えていく努力を重ねれば保育園への信頼も厚くなる。 信頼は保育園運営の礎である。 保護者のニーズを真摯に受け止め園運営に積極的に取り組んでいきたい。	
④方向性	新たな分野にも挑戦しようとする意欲ある職員を育成していく必要がある。	
課題と解決策の章 【見出し】 創造性豊かな職員の育成		
Ⅰ	職員の意識改革を図る ①教育的な機能を求める保護者 ②保育士の意識を変えること	Ⅰ	①幼稚園への派遣。相互の情報共有 ②研修や集団討議の実施 ③園内活動に採り入れるアイデア 　新たな取り組みに対する職員の意欲を引き出す
Ⅱ	保護者のニーズに誠実に応える ①保護者の心身の健康も大切 ②休暇の日にも子どもを預けたいという母親がいた	Ⅱ	状況の把握と対応 ①ストレスをため込んでいる状況 ②リフレッシュしてもらった、子どもに対して落ち着きを取り戻した母親 ③ケースに応じた対応の大切さを教える
Ⅲ	失敗を恐れず、チャレンジさせていく ①研修に参加しても実践されていない ②躊躇する気持ち、失敗を恐れる気持ちから実践活動に結びついていない	Ⅲ	①研修での習得した技術を実践させる ②園長かが積極的に評価していく ③職員が主体手に動き、園長がカバーすることで不安感を払拭 　チャレンジは、成長につながることを実感させる
まとめの章 【見出し】 自らの変革		
・P.F.ドラッカーのことば ・変革するには、挑戦意欲のある職員を増やしていくこと ・そのような意識を植え付けることが園長の使命 ・決意　個々の職員の能力開発を組織の力に結集する		

テーマ　職員の育成

1　保護者のニーズに応えるには

　何人かの保護者から「英語やリトミックなどを取り入れないのですか。」と聞かれた。わが子の将来のため、幼児教育を希望する声が徐々に増えつつある。公立保育園は、教育面に独自色を出しにくく、従来どおりの保育の枠を変えられない園が多い。また保育士側にも、独自の取り組みや新たな事業が増えることを歓迎しない意識もある。

　職員が保護者のニーズを捉え、工夫して応えていく努力を重ねれば保育園への信頼も必ずや厚くなるはずである。私は、園長として、保護者のニーズを真摯に受け止め園運営に積極的に取り組んでいきたい。そのためには、新たな分野にも挑戦しようとする意欲ある職員を育成していく必要がある。

2　創造性豊かな職員の育成

　私は、新たな発想や創意工夫により、何事にも挑戦する意欲ある職員を育成するため、以下の3点に取り組んでいく。

第1に、職員の意識改革を図る。
　最近、教育的な機能を保育園に求める保護者が増えている。保護者の要望を受けて新たな取り組みを行う場合には、保育士側の意識を変えなければ決して成果を上げることはできない。そこで、保育士を幼稚園に派遣し、小学校入学に向けて、ひらがなを覚えさせる工夫や集団行動の取り方などを学ばせる。それを園に持ち帰り研修会や集団討議によりアイデアを出させ、具体的にクラス運営に取り入れていく。そうすることで、新たな取り組みに対する職員の意欲を引き出していく。
　第2に、保護者のニーズに誠実に応える。子どもの健全な成長のためには、保護者の心身の健康が欠かせない。ある母親から休暇の際にも、子どもを預けたいとの要望があった。その母親は、家族の協力が得られず、ストレスを溜め込み、子どもに向き合うことも困難な状態であった。園で子どもを預かりリフレッシュしてもらったところ、逆に子どもへの接し方に落ち着きを取り戻すことができた。保育士には、受容的な視点、真のニーズの把

握をさせケースに応じた対応をすることの大切さを学ばせていく。

　第3に、失敗を恐れず、チャレンジさせていく。職員が外部研修に参加すると新たな技術やノウハウを習得してくる。しかし、新たな活動に対する躊躇や失敗を恐れる気持ちから、実践活動に結びついていない。

　そこで、研修参加者には、習得してきた内容を必ず園活動に採り入れさせる。私は、その過程で創意工夫した点を積極的に評価し、必要に応じてアドバイスを与えやり遂げさせていく。自分が主体的に動き、不安なときにも園長がカバーして安心感を与え、失敗を恐れる気持ちを払拭していく。チャレンジすることで、自分の殻を破り、それが、自己の成長につながることを実感させていく。

3　自らの変革

　P.F.ドラッカーは、「組織が生き残りかつ成功するには、自らが変革機関となること。」と述べている。自らを変革するには、チャレンジ精神にあふれた職員を育成していくことが重要となる。

私は、園長として職員の能力を向上させ、相乗効果として組織の力を結集し、市民に信頼される保育園作りを着実に進めていくことを誓う。

②効率的な行政運営／発想シート

(2) キーワード：効率的な行政運営
「効率的な行政運営」の意味：漫然とした行政運営をするのではなく常に効率的に運営できているかが問われている。
効率的：コスト意識、費用対効果などを検証し、行政として最少の費用で最大の効果を上げなくてはならない。
効率化の手法：行政評価、事務事業評価、組織のフラット化、権限委譲による行政のスリム化など。
行政運営も経営的視点を持って執行する必要がある。行政運営から行政経営へ。

(1) 誰が取り組むのか
主任である私

(6) 背景を象徴するようなエピソードや統計数字など
少子・高齢化による急速な人口構成の変化。生産年齢人口の減少。

(5) 背景
市民の価値観は極めて多様化している。
高齢者対策、老朽化した公共施設の更新はまったなしに迫ってくる。

(3) キーワードの解明
Q なぜ「効率的な行政運営（経営）」をする必要があるのか？
A 自治体は、住民の税金により運営されており、税金を有効に活用することが求められる。無駄に使われず効率的、効果的に使われるよう常に検証することが重要である。
Q 少子・高齢社会となり、今までと違った行政需要が増大してくることにどう対応するか。
A 行政需要が増大しても、税金は増えないため更なる効率化が求められる。
Q 何をもって効率的、効果的といえるのか？
A PDCAサイクルにより、常に事務事業を精査しているのか。定期的な業務点検の実施。役割を整理して、民間へ任せることも検討する。
Q 「効率的な行政運営」を行わない場合にどのような問題が起きるのか？
A 住民から、無駄遣いの指摘を受け、行政への信頼がなくなる。

(4) 「効率的な行政運営（経営）」を阻んでいる原因。現状、ギャップ
①現状のままさらに多くの要望に応えていくことは困難となっている。
②従来からのサービスを提供していれば済むとする行政側の意識。
③市民ニーズの把握が不十分である。
④職員にコスト意識が足りない。
⑤費用対効果等の物差しを導入してこなかった。
⑥現状維持、前例踏襲で行っていればよしとする意識。

テーマ

効率的な
行政運営

(7) 小結論
限られた予算の中で、多くの市民要望に応えていくためには、コスト意識をもった、効率的な行政経営が重要。

(8) 方向性、取り組むべきこと
すべての組織が創意工夫し、業務の効率化に取り組まなければならない。

第9章　模範論文例

効率的な行政運営／骨格シート

背景のピース（作成順④）

> 少子・高齢化による急速な人口構成の変化。生産年齢人口の減少。
> 高齢者対策や老朽化した公共施設の更新はまったなしに迫ってくる。

現状、分析、ギャップのピース（作成順③）

> 現状のままさらに、より多くの市民要望に応えていくことは困難となっている。

小結論のピース（作成順①）

> 限られた予算の中で、多くの市民要望に応えていくためには、コスト意識をもった、効率的な市政運営が重要となる。

方向性のピース（作成順②）

> （そのためには）
> すべての組織が創意工夫し、業務の効率化に取り組まなければならない。

レジュメ

(テーマ) 効率的な行政運営	
第1章 【見出し】 効率化は永遠のテーマ	
①背景	少子・高齢化による急速な人口構成の変化。生産年齢人口の減少。 高齢者対策や老朽化した公共施設の更新はまったなしに迫ってくる。
②現状等	現状のままさらに、より多くの市民要望に応えていくことは困難となっている。
③小結論	限られた予算の中で、多くの市民要望に応えていくためには、コスト意識を持った、効率的な市政運営が重要。
④方向性	すべての組織が創意工夫し、業務の効率化に取り組まなければならない。
課題と解決策の章 【見出し】 効率的な市政経営のために	
Ⅰ	市民ニーズを把握すること ①市政の最前線である係には、様々な事柄が寄せられる ②苦情と思われることも、実はニーズの裏返し
Ⅰ	①意見等を書きとめ、分析し、係長に進言 ②窓口アンケートの実施 ③常にアンテナを張り、市民ニーズの把握に努める
Ⅱ	市民ニーズの変化に即応した事業の見直し ①新規要望を事業に組み込むためには、現行業務の見直しが必要
Ⅱ	①毎年事業を見直すことを計画に組み込む ②市民サービスへの貢献度や費用対効果の物差しで評価 ③評価の低い事業は廃止を含めた大胆な見直しを提案
Ⅲ	良好なチームワークづくりを行う ①個人の力を結集すれば、相乗効果が生まれ、係の強化が図られる
Ⅲ	①情報交換を円滑に進める結節点の役割を担う ②インターネットで調べた職務関連情報の係内での回覧 ③国の動き、新聞報道を話題として提供し、意見交換の輪を広げる
まとめの章 【見出し】 自ら動いて係を活性化する	
・業務の効率化は永遠のテーマであり、終わりはない ・市民に常に接している主任が鍵を握っている ・係長を中心に、主任が工夫をし、自ら実践する ・決意　日々研鑽し、率先垂範することを誓う	

主任論文　効率的な行政運営

1　効率化は永遠のテーマ

　少子・高齢化による急速な人口構成の変化により、生産人口が減り、税収の減少も懸念されてくる。こうした中にあっても、高齢者対策や老朽化した公共施設の更新は待ったなしに迫っている。しかし、現状のままさらに多くの市民要望に応えていくことは困難となっている。限られた予算の中で多くの市民要望に応えていくためには、コスト意識をもった、効率的な市政経営が重要となる。

　そのためには、すべての組織が創意工夫し業務の効率化に取り組まなければならない。

2　効率的な市政経営のために

　効率的な市政経営をしていくために、主任として以下3点の取り組みを行う。

　第1に、市民ニーズを把握することである。

　市政の最前線である係には、毎日市民から、意見、苦情、要望、感謝など様々な事柄が寄せられる。どれも、貴重な情報源である。苦情と思われることであっても、ニーズの裏返しであることが多い。私は、それらを分析し

た上で、係長に報告する。また、窓口アンケートを進言し実施する。常にアンテナを張り、市民ニーズの把握に努めていく。

　第2に、市民ニーズの変化に即応した事業の見直しを図る。新規の要望を事業に組み込むには、現行業務の見直しが必要となる。そのためには、まず事業は毎年見直すことを計画に組み込んでおく。次に業務を市民サービスへの貢献度、費用対効果等の物差しにより評価する。評価の低い事業は、廃止を含め大胆に見直すことを係会で提案する。

　第3に、良好なチームワークづくりを行う。個人の力を結集することで、相乗効果が生まれ係の強化が図られていく。そのために、私は係内の情報交換を円滑に進める結節点の役割を担う。まず、インターネットなどで得た職務の関連情報をこまめに回覧する。次に、職務に直結する国の動きや新聞報道などは、話題として提供し、意見交換の輪を広げていく。そうすることで、係員が情報共有し、チームワーク作りにも貢献できていく。

3　自ら動いて係を活性化する

業務の効率化は永遠のテーマであり、それに終わりはない。効率化の実行は、市民に常に接している主任が鍵を握っている。係長を中心に、主任が工夫をし、自ら実践を重ねていく。私は、業務の効率化のため、日々研鑽を積み、率先垂範することを誓う。

③市民に開かれた行政の推進／発想シート

(2) キーワード：開かれた行政
「開かれた行政」の意味：市民の声が行政に届くことすなわち、憲法でいう住民自治が体現できる仕組みが用意され、現実にも機能していること。開かれているためには、その前に市民にとって「わかりやすい市政」や「市政への参加・参画ができること」が条件。
「閉ざされた行政」とは、そのようなことばはないかもしれないが、住民の声を聞く仕組みに乏しく、市民が声を出しても苦情として聞くだけで施策に採り入れようとしない行政。また、広報に工夫がなく、市民目線で伝えようとしていない行政。

(1) 誰が取り組むのか
係長である私

(6) 背景を象徴するようなエピソードや統計数字など
「市政は誰のためにあるのか？」と問えば、全職員が「市民のため」と答えるはずである。
開かれた行政の条件：①わかりやすい市政、②市民の声を市政に反映できること。

(5) 背景
情報ツールが発達している世の中にあって、市民も様々な情報を得ることができる。市民に最適なサービスが提供されているか、市民の声が本当に市政に届いているのか改めて問われている。

(3) キーワードの解明
Q なぜ「開かれた行政」を行うのか？
A 自治体は、住民の福祉向上のためにある組織である。市民の欲するサービスを提供するには市民の声を行政に反映させる必要があり、開かれた行政を目指さなければならない。
Q 市民の声は、市民の選んだ議員を通じて反映させればよいのでは？
A 間接民主制を採用しているが、市民の声が届かないことも多い。そこで直接市民の声を聞くことや審議会委員として意見を出す直接参加のルートも必要となる。
Q 参加の仕組みさえ用意すればよいのか？
A 仕組みだけを用意しても実際の参加がなければ意味をなさない。日中活動ができる方だけ参加可能というのも十分とはいえない。

テーマ
市民に開かれた行政の推進

(4)「開かれた行政」を阻んでいる原因。現状、ギャップ
①社会が高度化し、行政も専門化していく中で、事業内容も複雑になっているため、ある程度わかりにくい点は致し方ないとする意識。
②専門的で理解しにくい文書を市民に送っていることも多い。
③参加の対象は、日中活動のできる方に限られる。
④メール、ツイッターなど新たなツールの活用が不十分。

(7) 小結論
市民と協働してまちづくりを進める上で、開かれた市政は必須。

(8) 方向性、取り組むべきこと
市民にとってわかりやすいか、市民の意見を反映できているかの視点で、すべての業務を検証する。

第9章　模範論文例

市民に開かれた行政の推進／骨格シート

背景のピース（作成順④）

> 「市政は誰のためにあるのか」と問えば全職員が「市民のため」と答えるはずである。
> 開かれた市政には、２つの条件
> ①わかりやすい市政、②市民の声を市政に反映できること

現状、分析、ギャップのピース（作成順③）

> 実際の業務の中では、専門的で理解しにくい文書を市民に送っていることも多い。

小結論のピース（作成順①）

> 市民と協働してまちづくりを進めていく上で、開かれた市政は必須。

方向性のピース（作成順②）

> （そのためには）
> 市民にとってわかりやすいか、市民の意見が反映できているかの視点で、すべての業務を検証する。

レジュメ

(テーマ) 市民に開かれた行政の推進	
第1章 【見出し】 市民に「開かれた」といえる２つの条件	
①背　景	「市政は誰のためにあるのか」と問えば全職員が「市民のため」と答えるはずである。 開かれた市政には、２つの条件 ①わかりやすい市政、②市民の声を市政に反映できること
②現状等	実際の業務の中では、専門的で理解しにくい文書を市民に送っていることも多い。
③小結論	市民と協働してまちづくりを進めていく上で、開かれた市政は必須。
④方向性	市民にとってわかりやすいか、市民の意見が反映できているかの視点で、すべての業務を検証する。

課題と解決策の章 【見出し】 開かれた市政作りに向けて			
Ⅰ	1　市民の目線で情報を提供していく ①開かれた市政を標榜してきた ②市民に理解されないと成果をあげられない	Ⅰ	①市民検診の例：いままでは事実の広報どまり ②今後は、レセプト分析に基づく情報提供の実施 ③市民の意識や実生活とのかかわりを伝える →わかりやすさの原点は、市民目線
Ⅱ	2　複数の参加チャンネルを用意し、広い層からの参加を実現する ①今まで、パブリックコメント、公募委員制の採用 ②日中活動のできる方に限られていた	Ⅱ	①「電子会議室」の提案 ②市民同士、市民と担当課での自由な意見交換 ③メール、ツイッター等の活用による意見反映
Ⅲ	3　情報の管理を堅固なものにしていく ①市の持つ個人情報は膨大（病歴、障害、所得情報）、マイナンバー制度の導入 ②条例・規則で管理されてはいるが、運用面では個々の職員に委ねられている ③常に、流出や紛失のリスクを背負っている	Ⅲ	①情報流出後に起きる対応の大変さ、信頼回復に膨大な時間を要することを徹底して教育、研修する ②セキュリティ・マニュアルの定期的な確認 ③緊張感を持って情報管理をする

まとめの章 【見出し】 信頼の上に築かれる開かれた市政
・市政は市民の信頼の上に築かれている ・職員は、市民の信託を受けて業務を行っていることを自覚する ・今後、様々な利害対立を市役所が調整していく ・市役所にある行政リソースだけで解決できる課題は限られる ・市民の信頼を得て、いかに協力・協働していけるかがカギとなる ・そのためには開かれた市政を実現し、明日の○○市を築いていきたい

テーマ　市民に開かれた行政の推進

1　市民に開かれたといえる2つの条件

　「市政は誰のためにあるのか。」と問えば、全職員が「市民のため」と答えるはずである。私は、開かれた市政といえるためには、①わかりやすい市政、②市民の声を市政に反映できること、の2条件が必要であると考える。

　しかし、実際の業務の中では、専門的で理解しにくい文書を市民に送っていることも多い。市民にとって理解できないものであれば、市民は、その情報を自分の生活に役立てることはできない。

　今後、地域の課題を市民と協働して解決していく場面が増えていく中で、開かれた市政を構築することが必須となっている。

　その意味からも、市民にとってわかりやすいか、市民の意見が反映できているかの視点で、全ての業務を検証していく必要がある。

2　開かれた市政作りに向けて

　開かれた市政作りのため、多くの情報を発信し、市民の声を聴取するなど広報・広聴にも努めてきた。しかし、それで十分とはいえ

ない。そのため以下の3項目について真摯に取り組んでいきたい。

　第1に、市民の目線で、情報を提供していく。

　以前より、開かれた市政を標榜し市民との情報の共有化に努めてきている。いかに重要な施策に取り組んでも、市民に受容されなくてはその成果を上げることはできない。

　例えば、市民検診の広報では、対象者、医療機関、期日などの必要事項を示し、受診を促すというものであった。それだけでは市民の心に響かず、検診率は上がらない。今後は、それに加えて、レセプト分析結果による生活習慣病の傾向や健診により病気が判明した率、受診者のコメントを入れて広報する。そうすることで、市民の意識や実生活との関わりが認識され、広報が身近に感じられてくる。わかりやすさの原点は、市民目線にあることを強く自覚していかなければならない。

　第2に、複数の参加チャンネルを用意し、広い層からの参加を実現する。

　開かれた市政といえる第2の条件は市政へ

の参加である。今までも、パブリックコメント制度や審議会の公募委員制など、市民参加の促進に努めてきた。しかし、基本的に日中に活動できる方に限られており、サラリーマン層などの参加は極端に少なかった。そこで、24時間自由に意見を出せるようネット上に、「電子会議室」を設ける。そこでは、市民同士、市民と担当課間で意見交換を行なえる環境を作る。ここで出てきた意見、要望で有効なものを施策に採り入れていく。様々に出された意見や提言が、市の計画や施策に活かされた結果も数値化して示していく。それらにより、参加機会の拡大と施策への反映を実感してもらうことができる。

　第3に、情報の管理を堅固なものにしていく。

　市が持つ個人情報は膨大な量となっている。市役所だから安心して提供いただいている病歴、障害、所得情報などは数えきれない。マイナンバー制度も導入され益々情報の管理を厳格に取り扱わなければならない。しかし、具体的な運用場面では個々の職員に委ねられ

ていることもあり、常に流出や紛失のリスクを背負っている。他自治体でUSBメモリーの紛失事故などが報道されている例も多い。

　まず、情報流出後に起きる対応の大変さ、信頼回復に膨大な時間を要することを徹底して教育、研修する。次に、管理職、係長が中心となって、セキュリティ・マニュアルを定期的に確認する会議を実施していく。そうすることで、情報管理の重要さを認識し、緊張感を持って個人情報を取り扱う組織となっていく。

3　信頼の上に築かれる開かれた市政

　市政は市民の信頼の上に築かれている。職員は、市民の信託を受けて日々の業務を行っていることを今一度自覚しなければならない。今後、社会はますます複雑化し、様々な利害対立を市役所で調整していくことになる。また、市役所にある行政リソースだけでは解決できる課題は限られてくる。市民の信頼を得て、いかに協力・協働していけるかが未来への鍵となる。そのためにも開かれた市政を実現し、明日の○○市を築いていきたい。

④地域社会の変化と市政運営／発想シート

(2) キーワード：地域社会の変化

「地域社会の変化」の意味：地域社会とは、この場合、市域や市民が暮らす生活エリアとしての地域社会を示す。
変化とは：人口減少社会、少子・高齢化などが、社会的な変化。また、所得の格差の拡大、待機児の増加、生活保護受給者の増加なども地域で表れている状況の変化。さらには、昭和40～50年代にかけて建設された公共施設が老朽化していることなども物理的な変化である。

(1) 誰が取り組むのか

課長である私

(6) 背景を象徴するようなエピソードや統計数字など

元総務大臣の増田寛也氏のレポートによれば、今後存続が危ぶまれる自治体が896市町村あるとのことである。
少子化と人口減少が止まらず、2010年から30年間で20～30代の女性の数が5割以上減少することがその理由という。

(5) 背景

人口減少により、経済成長の低下、税収減、社会の活力が低下していく。

(3) キーワードの解明

Q なぜ「地域社会の変化に」自治体が対応していく必要があるのか？
A 自治体は、住民の福祉向上のためにある組織である。市民の価値観が変われば、それに応じて変化していかなければ、市民の求めるサービスを提供できない。
Q 人口減少社会の影響は？
A 生産労働人口が減少し、まちの活力が徐々に低下していく。
Q 人口は増えないのか？
A 日本全体では、人口減少社会となるが、都市の魅力を高めることで流入人口は変わってくる。
Q 「変化に応じた対応」を行わない場合にどのような問題が起きるのか？
A 市民は、旧態依然のサービスでは満足しないし、行政を信頼しなくなる。

テーマ

地域社会の変化と市政運営

(4)「地域社会の変化に応じた市政運営」を阻んでいる原因。現状、ギャップ

①現行のサービスを提供していれば済むとする行政側の意識。
②人口減少社会などの潮流は止めようがなく、自治体としてでなくすべて国家が対応すべきものとの意識がある。
③財政が厳しくなっているため、すべての要望にはこたえられないと考えている意識。
④○○市においても数年後から人口減少が見込まれており、地域の活力が低下するなど様々な影響が考えられる。

(7) 小結論

現実を直視し、社会状況の変化に応じて柔軟に対応できる市政運営が求めらる。

(8) 方向性、取り組むべきこと

社会状況の変化の的確な把握。柔軟に対応するための組織作り。創造性豊かな職員の育成。

地域社会の変化と市政運営／骨格シート

背景のピース（作成順④）

元総務大臣の増田寛也氏のレポートによれば、今後存続が危ぶまれる自治体が896市町村あるとのことである。
少子化と人口減少が止まらず、2010年から30年間で20～30代の女性の数が5割以上減少することがその理由という。

現状、分析、ギャップのピース（作成順③）

○○市においても数年後から人口減少が見込まれており、地域の活力が低下するなど様々な影響が考えられる。

小結論のピース（作成順①）

現実を直視し、社会状況の変化に応じて柔軟に対応できる市政運営が求めらる。

方向性のピース（作成順②）

（そのためには）
社会状況の変化の的確な把握。柔軟に対応するための組織作り。
創造性豊かな職員の育成をしていく。

レジュメ

(テーマ)地域社会の変化と市政運営			
第1章 【見出し】 896の自治体がなくなる			
①背　景	元総務大臣の増田寛也氏のレポートによれば、今後存続が危ぶまれる自治体が896市町村あるとのことである。 少子化と人口減少が止まらず、2010年から30年間で20〜30代の女性の数が5割以上減少することがその理由という。		
②現状等	○○市においても数年後から人口減少が見込まれており、地域の活力が低下するなど様々な影響が考えられる。		
③小結論	現実を直視し、社会状況の変化に応じて柔軟に対応できる市政運営が求められる。		
④方向性	社会状況の変化の的確な把握。柔軟に対応するための組織作り。創造性豊かな職員の育成。		
課題と解決策の章 【見出し】 社会変化に対応できる仕組みづくり			
Ⅰ	①市民ニーズの多様化、高度化 ②子育て、介護、まちづくりなど市民との協働により解決すべき範囲の増加	Ⅰ	市民との双方向のコミュニケーションを築いていく ①計画内容を示し、意見の収集 ②良い意見の積極的採用 ③様々な参加チャンネルを広げる
Ⅱ	①先手を打った対応の必要性 ②少子化対策は所管部局でのみ対応 ③すぐに行政リソースを増やすことはできない	Ⅱ	行政需要の変化に対応した事業及び組織作りをしていく ①魅力的なまちを作り、自然増と共に流入人口を増やす。具体的には、少子化対策や女性が働きやすい環境の整備 ②機動的に動ける組織の活用（ＰＴ、タスクフォース） ③緊急性・重要度などの指標を基に事業の棚卸、優先順位付け
Ⅲ	①社会の複雑化により市民の価値観も相違 ②公共施設の整備の際の市民の反応	Ⅲ	問題解決能力の高い創造性豊かな職員の育成していく ①立案から執行（検討、地元説明、調整など）までを担当させる ②リスク管理の徹底（過去の事例の検証、未然の防止策） ③実践に勝る研修はない
まとめの章 【見出し】 柔軟に対応しようとする意識と準備			
・都市としての魅力は、変化の多様性と新たなものを生み出していく原動力 ・社会変化に対して後追いとなりがちな行政 ・職員は社会変化に敏感になること、変化を察知し、柔軟に対応していこうとする意識と準備 ・組織作り、人作りが管理職の責務			

テーマ　地域社会の変化と市政運営

1　896の自治体がなくなる

　元総務大臣の増田寛也氏のレポートによれば、今後存続が危ぶまれる自治体が896市町村あるとのことである。少子化と人口減少が止まらず、2010年から30年間で20代から30代の女性の数が5割以上減少することがその理由だという。○○市においても数年後から人口減少が見込まれており、地域の活力が低下するなど様々な影響が考えられる。

　そのような状況を迎えつつある中で、市はこの現実を直視し、社会の変化に即した市政運営を行わなければならない。

　そのためには、社会状況の変化を的確に把握し、それに沿って柔軟に対応するための組織作りや創造性豊かな職員の育成をしていく必要がある。

2　社会変化に対応できる仕組み作り

　私は、管理職として、社会変化に柔軟に対応するため、以下3つの点に取り組んでいく。

　第1に、市民と双方向性のコミュニケーションを築いていく。

市民ニーズが多様化・高度化するにつれ、行政だけで市民ニーズに全て対応することは困難となっている。子育て、介護、まちづくりなど市民との協働により解決すべき課題も増えてきている。市民と協働して話し合う前提として、情報の共有化と双方向性のコミュニケーションを更に活発化させる必要がある。

　まず、計画の初期段階から、関係する市民に計画内容を示し共有化する。次に、ホームページやメール、ツイッターなどで市民からの意見を収集する。いただいた意見への回答をすると共に良い意見については積極的に採用していく。様々な参加チャンネルを広げ、広く市民の声を施策に反映させていくことにつなげていく。そうすることで、市民との双方向性のコミュニケーションが活発化し、施策を市民と共に推進していくことができる。

　第2に、行政需要の変化に対応した事業及び組織作りをしていく。

　人口減少社会を迎えているが、先手を打って克服する手立てを講じておく必要がある。そのためには、魅力的なまちを作り、自然増

と共に流入人口を増やすことに取り組む。まず、少子化対策や女性が働きやすい社会環境づくりを進めることである。以前少子化対策は、保育園の整備だけであったものを、産み育てやすい経済的な支援や住宅政策、医療体制、保健指導など、子どもを軸としたPTなどを立上げ組織横断的に対応する。また、行政需要の質・量が変化しても、直ちに行政リソースを増やすことは困難である。そこで、緊急性、重要度などの指標を基に事業の棚卸をし、各事業に優先順位をつけていく。事業ごとに実績を評価し、成果が上がっていないものについては、廃止を含めて大胆に見直しを図っていく。そうすることで、市民目線・市民ニーズに合った事業が展開できていく。

　第3に、問題解決能力の高い想像力豊かな職員を育成していく。

　社会は複雑化し、市民の価値観も相違している。公共施設を建設する場合に、必ずと言ってよいほど、近隣住民などから反対される時代となった。実際に紛争が起こってからの対応では、解決に多大な時間やエネルギーを

要する。まず、職員でチームを作り、立案の、初期段階から検討、地元説明、調整までトータルで担当させる。次に、問題が起こる前に地域事情や建物の利用形態等を想定したリスク管理を行う。更に、過去の事例も検証しておき、起こりうる事態を想定し未然の防止策を練っておくことで、局面ごとの対応能力も磨かれる。実践に勝る研修はない。創造力を働かせ、市民の納得の得られる説明力や対応力を身につけることができていく。

3　柔軟に対応しようとする意識と準備

　〇〇市の都市としての魅力は、その変化の多様性と新たなものを生み出していく原動力にある。職員が、社会の変化を敏感に察知し、先手を打って柔軟に対応していこうとする意識や準備が整っていれば、対応速度が格段に早まっていく。そのような組織作り、人作りが私に課せられた責務であると強く認識している。それに向かって、日々精進し、組織目標達成に最大限の努力を傾注する。

⑤係の目標を達成するための組織運営／発想シート

(2) キーワード

①係の目標、②組織運営
この2つの関係は、①を達成するための手段としての②をどうするか述べるという関係。
「係の組織目標」：部、課の目標を前提として係の目標がある。課の目標をそのまま係の目標とすることはふさわしくない。
組織運営：係長が、予算を使い、複数の職員等を動かして行う目標達成のための組織的な活動。個々の職員の能力を高めること、その力を有機的に結合させていくことで、さらに相乗効果が生まれる。

(1) 誰が取り組むのか

係長である私

(6) 背景を象徴するようなエピソードや統計数字など

企業立地を強力に進めるため、市長以下全職員が一丸となって取り組んだ結果、多くの企業の誘致を成功させた自治体がある。

(5) 背景

産業振興、雇用の創出など目標を明確に掲げ、自治体の生き残りをかけて事業執行をしなければ自治体の存続ができない。
自治体としての危機感。

(3) キーワードの解明

Q なぜ「目標を達成するための組織運営」を行う必要性があるのか？
A 組織は、目標を達成するための手段。職員が一致団結して、目標達成に向かうよう、組織目標を柱に活動内容や組織の形が決められていくことになる。
Q 「組織目標を意識しない」場合にどのような問題が起きるのか？
A 仕事は誰に向けて、何のために行うのかという意識が希薄となり、漫然と前例踏襲で業務を続けていくことになる。
Q 組織運営とは何を行うのか？
A 係長の業務の中で、大きくは3つあり、人の管理、仕事の管理、組織の管理である。その3つ目の組織管理のこと。組織を動かしていくために、係内部の統制、定員管理、運営の体制作りなどを総称してそう呼ぶ。

テーマ

係の目標を達成するための組織運営について述べなさい

(4)「目標達成」や「組織運営」を阻んでいる原因。現状、ギャップ

①課の目標を横引きするなど、係としての明確な組織目標を定めて進めていない。その点を問われると、自信を持って答えられない。
②組織目標と個人目標がリンクしていない。
③目標の進行管理や適切なアドバイスが行われていない。
④毎年PDCAのサイクルを回していない。
⑤組織の3要素を意識
・組織目標の明確化
・協働の意欲
・コミュニケーション

(7) 小結論

・組織とは、目標を達成するための手段として存在するものである。
・今、改めて全ての組織で明確な目標を設定し、目標に合った適切なサービスを提供していかなければならない。

(8) 方向性、取り組むべきこと

・そのためには、目標と事業との適合性を意識した最適な組織運営が求められる。

組織目標の達成のための組織運営／骨格シート

背景のピース（作成順④）

> 企業立地を強力に推進するため、市長以下全職員が一丸となって取り組んだ結果、多くの企業の誘致を成功させた自治体がある。産業振興、雇用の創出などの目標を明確に掲げ自治体の生き残りをかけ、組織を挙げた事業執行の成果であると思う。

現状、分析、ギャップのピース（作成順③）

> 明確な組織目標を掲げて仕事を進めてきたかと問われると、自信を持って『はい』と答えられない。

小結論のピース（作成順①）

> 組織とは、目標を達成するための手段として存在するものである。
> 今、改めて全ての組織で明確な目標を設定し、目標に合った適切なサービスを提供しなければならない。

方向性のピース（作成順②）

> （そのためには）
> 目標と事業との適合性を意識した最適な組織運営が求められる。

レジュメ

(テーマ) 係の組織目標を達成するための組織運営		
第1章 【見出し】 組織目標の明確化		
①背　景	企業立地を強力に推進するため、市長以下全職員が一丸となって取り組んだ結果、多くの企業の誘致を成功させた自治体がある。産業振興、雇用の創出などの目標を明確に掲げ自治体の生き残りをかけ、組織を挙げた事業執行の成果であると思う。	
②現状等	明確な組織目標を掲げて仕事を進めてきたかと問われると、自信を持って『はい』と答えられない。	
③小結論	組織とは、目標を達成するための手段として存在するものである。 今、改めて全ての組織で明確な目標を設定し、目標に合った適切なサービスを提供しなければならない。	
④方向性	目標と事業との適合性を意識した最適な組織運営が求められる。	
課題と解決策の章 【見出し】 目標に合致した組織運営のために		
Ⅰ	係の組織目標を明確に定める ①課の目標をそのまま横引きして係の目標にしている。 ②係の目標と個人目標がリンクしていない。 ③スケジュールが不明確	Ⅰ ①全員の討議を経て係に相応しい目標を定める ②係の目標に合った個人目標の設定 ③達成スケジュールの明確化
Ⅱ	適宜適切な進行管理を実施する ①計画がスケジュールどおりにいかない。 ②係長の進行管理が重要	Ⅱ ①１月ごとに定例報告を求め、進捗確認 ②協議し、原因を確認 ③係長と相談し自律的に修正していく
Ⅲ	コミュニケーションを活発にして係に一体感を持たせていく ①自分の職務を囲ってしまいがち。 ②自分の業務が他の職員の職務とどのように関わっているのか意識せずに仕事をしている。	Ⅲ ①フローチャートで仕事の「見える化」を ②連携に関する事例討議の実施
まとめの章 【見出し】 係長は扇の要		
・目標を持たない組織はない ・目先の仕事をすることが目的化してしまうことも少なくない ・（係長である）私は、組織目標を基軸に据えた組織運営をすることを忘れずに実行 ・組織目標が明確となっていれば、社会が変化しても対応可能 ・係長として決意		

テーマ　係の組織目標を達成するための組織運営について述べなさい

1　組織目標の明確化

　　企業立地を強力に推進するため、市長以下全職員が一丸となって取り組んだ結果、多くの企業の誘致を成功させた自治体がある。産業振興、雇用の創出などの目標を明確に掲げ、自治体の生き残りをかけ、組織を挙げた事業執行の成果であると思う。

　　そこまで明確な組織目標を掲げて仕事を進めてきたかと問われると、自信を持って『はい』と答えられない。言うまでもなく、組織とは、目標を達成するための手段として存在するものである。今、改めて、全ての組織で明確な目標を設定し、目標に合った適切なサービスを提供しなければならない。

　　そのためには、目標と事業との適合性を意識した最適な組織運営が求められる。

2　目標に合致した組織運営のために

　　私は係長として組織を強化し、目的に合致した係運営をしていくために、以下3つの事柄に取り組んでいく。

第1に、係の組織目標を明確に定める。課の目標を、そのまま係の目標としていることがある。その場合、係員は自分の職務との関係性を捉えきれず、目標に対する意識が希薄になってしまう。
　そこで、私は、係目標を定める前に、必ず全員の討議を経て係にふさわしい目標を明確に定めていく。次に、その係目標に合わせ、各係員の個人目標も設定させる。さらに、個人目標の達成スケジュールを、係長との話し合いを経て、自らが設定することで、当事者意識を持って担当業務を執行していくことができる。
　第2に、適宜・適切な進行管理を実施する。計画を進める中でスケジュールどおりにいかないことが起きてくる。その場合、係長としての進行管理が非常に重要となる。まず、私は、1月ごとの定例会で報告を求め、進捗の確認を行う。次に、予定通り進んでいない場合には、職員と十分協議し原因を確認した上で、優先度を考慮して修正を加えていく。係長は協議の場で示唆を与え、職員が自律的

に軌道修正できるように仕向けていく。

　そうすることで、自律心と責任感を持って、職員を目標に向かわせることができる。

　第3に、コミュニケーションを活発化して、係に一体感を持たせていく。

　自分の業務が他の職員の業務とどのように関わっているか意識せずに仕事を進めていることも多い。目標を効果的に達成するためには、連携して仕事を進める必要がある。そのためには、事業ごとに始期から完了までのフローチャートを作らせ、各係員の担当者同士の連携関係を「見える化」していく。また、連携不足により業務が滞った場合には、全員でそれを事例とした討議を行う。このような運営により、係内のコミュニケーションを活発化させていくことができていく。

3　係長は扇の要

　基本的に、目標を持たない組織はあり得ない。しかし、実際には目先の仕事をすることが目的化してしまうことも少なくない。その点で、私は常に組織目標を基軸に据えた組織運営をすることを忘れずに実行する。

目標に対する意識が明確となっていれば、たとえ社会状況が変化しても、最適な施策を選択することができる。目標は何かを常に自分に問いかけ、より良い市民サービスを提供するため不断の努力をすることを誓う。

論文作成のための常識

　論文作成は、受験者の総合力が問われてきます。その基礎体力ともいえる内容をこの章にまとめてあります。特に、係長試験、管理職試験を目指す方は、管理理論には何度も目を通していただきたいと思います。

1 時代を知る
　①高齢社会、福祉関係
　②少子化とその取り組み
　③民間活力の導入等

2 論文作成に必須の管理理論等
　（1）組織論
　（2）管理論
　（3）職務関係
　（4）イメージ図

3 過去の出題例

1 時代を知る

　これから論文を作っていく中で、みなさんは時代感覚にマッチした論文を作成しなければなりません。本書第1章2「試験分析」でも述べた内容をもう一度お読みいただきたいと思います。過去の合格論文や論文本の模範論文などを参考とすることもあるでしょう。みなさんが参照しながら書く際に、知らず知らずの間にその論文の書かれた時の感覚で書いてしまうというミスを犯すことがあります。今年の論文は、今年の感覚で、もっと厳密にいえば試験当日の感覚で書かなければなりません。

　一方で、今の時代感覚を知るためには、過去の経過も捉えておく必要があります。

　そこで、みなさんに知っていただきたい内容として、

①高齢社会、福祉関係
②少子化とその取り組み
③民間活力の導入

　この3点につき歴史年表形式で示すことといたしました。論文作成の際に時代感覚の裏付けとしてご活用ください。また普段から、論文に使えそうなニュースや白書の数字などにも関心を持つよう心掛けましょう。

①高齢社会、福祉関係

西暦	元号	出来事
1950	昭和25年	65歳以上の人口は、5％未満
1959	昭和34年	4月　国民年金法制定
1961	昭和36年	4月　国民年金保険料の徴収開始、国民皆保険制度の発足
1963	昭和38年	7月　老人福祉法制定
1970	昭和45年	65歳以上の人口は、7.1％に達し、「高齢化社会」となる。
1973	昭和48年	1月　老人医療の無料化
1980	昭和55年	65歳以上の人口は、9.1％に達する。
1983	昭和58年	「国連障害者の10年」スタート
1985	昭和60年	年金制度の大改正（個人単位の基礎年金制度の導入） 65歳以上の人口は、総人口の10％を超える。（10.3％）
1986	昭和61年	12月　老人保険法の改正（「老人保健施設」の制度化）
1989	平成元年	12月　「高齢者保健福祉推進10か年戦略（ゴールドプラン）」策定（平成元～5年度） →市町村における在宅福祉対策の緊急実施、施設の緊急整備、特別養護老人ホーム、デイサービス、ショートステイなどの施設整備、ホームヘルパーの養成などによる在宅福祉の推進などが掲げられた。
1990	平成2年	老人福祉法など福祉八法の改正（いわゆる「福祉改革」スタート）
1993	平成5年	都道府県・市町村で「老人保健福祉計画」策定
1994	平成6年	65歳以上の人口は、14％を超え、「高齢社会」となる。 ・新高齢者保健福祉推進10か年戦略（新ゴールドプラン）（平成6～11年度） →当初予想よりも高齢化が進んだため、ゴールドプランを改定したもの。介護保険の導入を間近にして、在宅介護の充実に重点を置き、ヘルパーの数17万人の確保や訪問看護ステーションを5千か所設置することなどを盛り込む。 6月　高齢者、身体障害者等が円滑に利用できる特定建築物の建築の促進に関する法律（ハートビル法）成立
2000	平成12年	6月　「社会福祉基礎構造改革」の実施（措置から契約へ） 4月より「ゴールドプラン21」スタート（平成12～16年度） ①活力ある高齢者像の構築、②高齢者の尊厳の確保と自立支援、③支え合う地域社会の形成、④利用者から信頼される介護サービスの確立、の4本柱を掲げた。 4月　介護保険制度スタート：高齢者介護を社会で支え合う仕組みに。
2001	平成13年	1月　健康保険法改定（高齢者の医療費、自己負担に定率1割負担の導入） 1月　省庁再編により、厚生省と労働省が、厚生労働省になる。 9月現在65歳以上の人口は、17.9％となる。

西暦	元号	出来事
2002	平成14年	7月　ハートビル法改正（急速な高齢化の進展が見込まれる中、公益的な建築物のバリアフリーのスピードアップを図るため改正された）
		8月　健康増進法の公布（受動喫煙の防止を初めて法律に盛り込む）
2003	平成15年	4月　「支援費制度」スタート
		9月　指定管理者制度の導入（地方自治法の一部改正、民営化が進む）
2004	平成16年	6月　年金制度改革
2005	平成17年	2004に日本の人口が約1億2800万人でピークに達し、2005年から人口減少社会に突入。65歳以上の人口が、20％を超える。
		7月　介護保険法の改正（予防重視型システムへの転換、地域包括支援センターの設置、認定区分が、「要支援1、2」「要介護1～5」の7段階となる。）
2006	平成18年	4月　「障害者自立支援法」の施行
2008	平成20年	4月　後期高齢者医療制度スタート
		4月　特定健康診査、特定保健指導が始まる。
2011	平成23年	介護保険法改正。介護保険制度施行後10年が経過し、サービスの利用者数が制度創設当時の約4倍になる。
		医療と介護の連携強化、介護人材の確保、高齢者の住まいの整備などに取り組む。
2012	平成24年	10月現在　総人口約1億2752万人
		65歳以上の高齢者は約3079万人で、総人口に占める割合は24.1％。
		前期高齢者（65～74歳）は1560万人で、総人口に占める割合は12.2％。
		後期高齢者（75歳以上）は1519万人で、総人口に占める割合は11.9％。
2014	平成26年	データヘルス計画スタート（レセプト・健診情報を分析して健康事業に役立てる計画）
2015	平成27年	介護保険法改正。地域包括ケアシステムの構築と費用負担の公平化を図る。
		原則、特別養護老人ホームへの新規入所者は、要介護3以上に。
		9月現在、65歳以上の高齢者人口は3384万人で、総人口に占める割合は26.7％。
		80歳以上人口が始めて1000万人を超える。
2034	平成47年	65歳以上の人口は、33.4％と予想され、3人に1人が高齢者に。
2060	平成72年	65歳以上の人口は、39.9％と予想され、2.5人に1人が高齢者に。

②少子化とその取り組み

西暦	元号	出　来　事	合計特殊出生率	全国の待機児童(人)
1989	平成元年	1.57ショック：日本の合計特殊出生率が過去最低の1.57まで下落。	1.57	
1990	平成2年		1.54	
1992	平成4年	育児休業法施行（1歳までの育児休業が可能になる）	1.50	
1994	平成6年	4月　こども権利条約に日本が批准 12月　「エンゼルプラン」「緊急保育対策等5か年事業」（平成7～11年度） 　　⇒内容：両立支援の取り組み。保育サービスの量的拡大と多様化等 　　実績：低年齢児受け入れ枠の拡大　45万人→56.4万人 　　　　延長保育の促進　2,230→5,125か所 　　　　放課後児童クラブの推進　4,520→8,392か所	1.50	
1997	平成9年	7月　横浜市は、市独自の基準による「横浜保育室」事業を開始。	1.39	
1998	平成10年		1.38	39,545
1999	平成11年	12月　「新エンゼルプラン」（平成12～16年度） 　　⇒従来の保育対策に、雇用、母子、保健、相談等の機能を加えて施策を総合化する。 　　実績：低年齢児受け入れ枠の拡大　56.4万人→67.1万人 　　　　延長保育の促進　5,125→11,702か所 　　　　地域子育て支援センター　997→2,499か所 　　　　ファミリーサポートセンター　62→301か所	1.34	32,225
2000	平成12年	4月　新保育所保育指針の施行 6月　「児童虐待防止法」制定	1.36	32,933
2001	平成13年	7月　仕事と子育ての両立支援の方針（待機児ゼロ作戦）閣議決定 　　⇒3年間で15.6万人の受け入れ児童数を確保する。 8月　東京都「認証保育園制度」創設	1.33	21,201
2002	平成14年	4月　児童福祉施設の第三者評価制度始まる⇒「児童福祉施設における福祉サービスの第三者評価事業の指針について」（通帳）	1.32	25,447
2003	平成15年	7月　「次世代育成支援対策推進法」の成立（2005～2015時限法） 9月　「少子化社会対策基本法」施行 9月　指定管理者制度の導入⇒保育園の民営化が進む。	1.29	26,383
2004	平成16年	4/1における待機児童数が50人以上いる自治体は保育計画（待機児童解消計画）を策定することとされた。 4月　改正「児童虐待防止法」公布⇒自立支援措置、親指導を規定 6月　「少子化社会対策大綱」閣議決定	1.29	24,245

西暦	元号	出来事	合計特殊出生率	全国の待機児童(人)	虐待相談件数※
2004	平成16年	⇒三位一体の改革で、公立保育園への国庫補助金を廃止し、地方への税源移譲で一般財源化される。 12月 「子ども・子育て応援プラン」策定⇒少子化社会対策大綱に基づく重点施策の具体的実施計画。			
2005	平成17年	4/1 保育所施設数 22,570箇所、利用児童数 199万3千人	1.26	23,338	34,472
2006	平成18年	1.25ショック：日本の合計特殊出生率が過去最低の1.25まで下落 10月 「認定こども園」制度発足（保育に欠ける子も欠けない子にも対応）	1.32	19,794	37,323
2007	平成19年		1.34	17,926	40,639
2008	平成20年	2月 「新待機児童ゼロ作戦」策定 　⇒10年後の目標：保育サービスの利用児童数を100万人増 　　　　　　　：放課後学童クラブ　登録児童数145万人増 4月 改正「児童虐待防止法」施行 　⇒安全確認義務、立入調査の連携強化等 2008年の1億2808万人をピークに人口減少に転じた。	1.37	19,550	42,664
2009	平成21年	4月 保育所保育指針の施行 4月 児童福祉法改正⇒保育ママ制度の明文化	1.37	25,384	44,211
2010	平成22年	1月 「子ども・子育てビジョン」閣議決定 11月 待機児童解消「先取り」プロジェクト	1.39	26,275	56,384
2011	平成23年		1.39	25,556	59,919
2012	平成24年	8月 子ども・子育て支援法成立 　⇒子どもを生み、育てやすい社会の創設を目指し、①質の高い施設の提供、②保育の量的拡大、③地域の子ども・子育ての応援。	1.41	24,825	66,701
2013	平成25年	4/1現在の保育所定員 229万人。 4月 待機児童解消加速化プラン 　⇒意欲ある地方自治体を強力に支援する。できる限りの保育の量的拡大を図る。 6月 少子化危機突破のための緊急対策 ・女性の就業率：25～29歳で74.9%、35～39歳で66.9%	1.43	22,741	73,802
2014	平成26年	9月 「まち・ひと・しごと創生本部」立ち上げ 　⇒人口減少社会の克服と地方再生の実現を目指す。	1.42	21,371	88,931
2015	平成27年	5月 「日本創成会議」が消滅自治体に関するレポートを発表。 　⇒少子化と人口減少が止まらず、存続の危ぶまれるとされる自治体が896あると指摘。			

※　全国の児童相談所に寄せられた虐待相談件数

③民間活力の導入等

西暦	元号	出来事
1999	平成11年	7月　「民間資金等の活用による公共施設等の整備等の促進に関する法律」（PFI法）施行 ⇒PFI（Private Finance Initiative）：公共施設を民間の資金を活用して整備する手法。
2001	平成13年	4月　小泉内閣スタート 6月　今後の経済財政運営及び経済社会の構造改革に関する基本方針（以下、「骨太の方針」と記す。） ⇒日本経済の再生シナリオ：郵政民営化、不良債権の抜本的解決、国債発行30兆円以下に抑制する。
2002	平成14年	6月　「骨太の方針2002」 ⇒改革の推進と経済の活性化、2010年初頭に基礎的財政収支の黒字化を目指す。 12月　構造改革特区制度創設：構造改革と地域活性化のため、地域の特性に応じた規制の特例を導入するもので、補助金なき地域支援と考えられた。
2003	平成15年	4月　日本郵政公社がスタート 6月　「骨太の方針2003」 ⇒デフレ克服、三位一体の改革、3つの目標と7つの具体的取組み。 9月　指定管理者制度の導入（地方自治法の一部改正、民営化が進む）
2004	平成16年	3月　「規制改革・民間開放推進3か年計画」を閣議決定 6月　「骨太の方針2004」 ⇒社会保障制度の総合的改革、地方へ3兆円の税源移譲、市場化テストの導入
2005	平成17年	6月　「骨太の方針2005」 ⇒小さくて効率的な政府の実現：政策金融改革、公務員人件費改革
2006	平成18年	5月　市場化テスト法成立（競争の導入による公共サービスの改革に関する法律） 7月　市場化テスト法施行 7月　「骨太の方針2006」 ⇒2011年度における国・地方のプライマリーバランスの黒字化、経済成長力・競争力強化に取り組む。 9月　「公共サービス改革基本方針」閣議決定 10月　東京都版市場化テストモデル事業実施（都立技術専門学校における職業訓練）
2007	平成19年	5月　PFIにより建設された山口県内の刑務所の供用開始 6月　「骨太の方針2007」

西暦	元号	出来事
2007	平成19年	⇒成長力の強化、戦後レジームからの脱却、21世紀型行財政システムの構築、持続的で安心できる社会の実現をめざす。 12月「公共サービス改革基本方針」の改定を閣議決定
2008	平成20年	1月　市町村の出張所・連絡所等における窓口業務の民間事業者に委託することが可能となる範囲の拡大が図られる。 6月「骨太の方針2008」 ⇒歳出削減方針の堅持、道路特定財源の一般財源化、環境税の導入を検討。 9月15日　リーマンブラザースの破産申請発表（リーマンショック）
2011	平成23年	6月　総合特区制度創設（国際戦略特区、地域活性化総合特区） 11月　PFI法改正：公共施設等運営権制度（コンセッション）、民間事業者によるPFI事業の提案制度の導入。
2013	平成25年	6月「日本再興戦略」閣議決定 ⇒民間活力を引き出すことを主目的に、投資減税を通じた企業活動の活性化など、産業基盤の強化策が打ち出される。 9月　PFI法改正：民間資金等活用事業推進機構設置（官民連携ファンド） 12月　国家戦略特区制度創設
2014	平成26年	1月現在　PFIの総数：直轄：28、地方公共団体：92 5月「国家戦略特別区域及び区域方針」決定 6月「日本再興戦略」改訂2014閣議決定 ⇒日本の稼ぐ力を取り戻す。女性の活躍促進と働き方改革、地域産業の育成を打ち出す。
2015	平成27年	6月「日本再興戦略」改訂2015閣議決定 ⇒未来に投資する生産性改革、ローカルアベノミクスの推進等。

2 論文作成に必須の管理理論等

　ここに掲げる管理理論等は、管理者を目指される皆さんであれば、知っておいて欲しい事項です。論文試験の中で、部下職員の説得や指導内容を記述することがあろうかと思います。組織の状況を把握した上で、指導対象となる職員の資質を考え、現状を分析し、その状況に応じてどのような指導が必要なのか。マネジメントの手法や指導法には、ここで示す理論の裏付けがあることに気づかれると思います。試験だけでなく、実践の中でも役立ちますので、しっかりと読み取ってください。

（1）組織論
　組織の特徴について理解していれば、論文作成の際の提言などに使うことができます。
①**ライン組織**：市長⇒部長⇒課長⇒係長⇒係員のように、最上位から最下位まで、一本の指示命令系統で結ばれた組織形態をいいます。特徴として職務内容や責任の所在が明確となり、規律、秩序が守られます。
②**ファンクショナル組織**：職能ごとに部門が形成されている組織。組織の構成員は、直属の上司以外に、専門職能を担当する上司からも命令を受ける組織です。特徴として、場合により、意思決定が遅くなるデメリットもあります。
③**スタッフ（職）**：ライン職が的確に意思決定を行えるように、専門的知識や経験に基づき、ラインの仕事を補佐する部門や担当者をいいます。
④**ライン＆スタッフ組織**：ライン組織とそのライン組織に対し助力、管理を行うスタッフ部門によって構成された組織です。
⑤**マトリクス組織**：職能部門別組織と目的別組織とを格子状に組み合わせた組織形態です。1人のメンバーが2つの組織に同時に属することにより職務横断的な意思決定を目指す柔軟な組織となります。特徴として、命令形態が多元的となり混乱することもあります。

⑥**プロジェクト組織**：特定の目的のため、本来の組織とは別に各部門の職員により臨時的に編成される組織です。縦割り組織では対応できない組織横断的課題解決のために集められることもあります。そのメンバー、組織をプロジェクトチームといいます。

⑦**タスクフォース**：一時的に設置され、特定の課題を達成するために機能する組織。プロジェクトチームに近く、より緊急性の高い処理に当たるケースが多くなります。

⑧**フラット化組織**：重層型組織に対して、上位層から下位層までの管理階層を減らした組織をいいます。特徴として、組織の下位層に権限が委譲され、組織構成員の意思決定が速くなるメリットがあります。

⑨**縦割り組織**：国の組織に準じた組織形態で、役割や責任の明確化を重視した組織形態です。よく挙げられる例として、幼稚園は文部科学省、保育園は厚生労働省が管轄し、同じ年代の子どもに対しても、施設によって管轄が違うため、様々な弊害が生じています。

⑩**横割り組織**：住民のニーズに合わせて、縦割り組織を崩し住民指向型に編成した組織形態をいいます。特徴として、住民ニーズの把握やその対応策の検討など、幅広い観点から行えるメリットがあります。

（2）管理論

ここに掲げる管理論は、論文作成上、また面接の場面で非常に役立つものとなります。これらの理論がわかっていると理論の裏付けがしっかりしていることで、自信を持って書くことができます。

①**組織の３要素**　共通の目標、構成員の協働の意欲、コミュニケーションの３つの要素のことを指します。組織は、構成員が、共通の目標に向かって、みなで協働して仕事を進め、構成員同士のコミュニケーションが活発であ

> **論文での応用**
>
> この３つの要素は相互に関連しているが、１番大切なのは共通の目標です。目標が定まっていない組織で、協働の意欲やコミュニケーションをいくら活発にしても意味がありません。まず目標を明確にすることを主張する必要があります。記述の際も、その順を違えずに記述しましょう。

ればよい組織が作られるとするものです。管理者はその点を留意しながらマネジメントする必要があります。

②**チームワーク**　集団に属しているメンバーが同じ目標を達成するために行う作業、協力、行動などのこと。組織の3要素は、共通の目標、構成員の協働の意欲、コミュニケーションと述べましたが、チームワークも、組織目標の達成に向けられた構成員の協働の意欲や協力、行動のことを指します。単なる仲良しグループとして和気あいあいに過ごせばよいのではなく団結して、補完し合い、相乗効果をもたらす関係です。このチームワークの善し悪しが組織目標を達成することやその過程に大きな影響を与えます。よって、良いチームワークづくりのために、リーダーおよび構成員がそれぞれの役割を発揮することが求められてきます。

③**マネジメント層**

階層名	職　能	担当職名
トップマネジメント	最上層部で、自治体の基本方針、基本計画の策定や総合的なプランニングを行う。	首長（知事、市区町長）、副知事、副市区町長、局長
ミドルマネジメント	基本方針、基本計画に基づき、各部門の具体的な業務計画とその実行、指揮を司る。	部長、次長、課長
ロワーマネジメント	ミドルマネジメントの指示に従い、直接現場の指揮、監督にあたる。	課長補佐、係長

④**命令一元化の原則**　最上層から最下層まで、一本の職務命令に従い、職務が執行されなければならないとする原則をいいます。

⑤**スパン・オブ・コントロール（Span of Control）**　1人の管理者が管理できる部下の範囲は、職務内容等により一定の数になることです。たとえば、清掃事務所などのように多くの職員が収集業務という同様の職務内容の場合と、企画部門のようにそれぞれの職員がさまざまな分野の企画・立案をしているという職場では管理できる幅が変わるとする考え方です。

⑥**目標による管理（ＭＢＯ）**　職員自らが目標を定め、実行、統制、評価の

プロセスを自主的に管理させる方法をいいます。管理者は、職員が設定した目標が達成できるよう、支援していきます。

⑦**部下への権限委譲**　上司の持つ権限を部下に委譲し、責任を持たせることで部下にやる気を出させ、組織の活性化につなげる手法。上司は、権限を委譲しても責任を委譲したわけではないので、結果に対する責任はあくまで上司の側にあります。よって、部下が困っているときなどに、適切なアドバイスを行うなど進捗状況の把握をしていく必要もあります。

⑧**ＳＬ理論**　P. ハーシーとK. ブランチャードにより提唱された状況対応型のリーダーシップ（Situational Leadership）理論で、有効なリーダーシップは、部下の成熟度に応じて変化させる必要があります。さらに、4つの状況による分類がなされました。

人間関係本位の リーダーシップが強い	参加的ＳＬ	説明的ＳＬ
人間関係本位の リーダーシップが弱い	委任的ＳＬ	指示的ＳＬ
	仕事本位の リーダーシップが強い	仕事本位の リーダーシップが弱い

　　成熟度の高いグループ　　　：委任的リーダーシップ
　　成熟度のやや高いグループ：参加的リーダーシップ
　　成熟度のやや低いグループ：説得的リーダーシップ
　　成熟度の低いグループ　　　：指示的リーダーシップ

⑨**ＰＭ理論**　三隅二不二氏が提唱したもので、集団目標を達成させるＰ機能（performance）と集団維持機能であるＭ機能（maintenance）の強弱によ

ｐＭ型 （業績追求よりも構成員の輪を大切に進められるマネジメント）	ＰＭ型 （どちらの機能にも十分なリーダーシップが発揮され、組織が活性化し業績が上がり、部下のモラールが最も高い）
ｐｍ型 （組織も活性化せず、構成員のモラールも低い）	Ｐｍ型 （業績追求に力点が置かれ、構成員への配慮に欠けるマネジメント）

り4つのマネジメントの類型を示します。小文字の表記はその機能が小さく、大文字はその機能が大きいことを示します。

⑩**マズローの欲求5段階説**　マズローは、人間の欲求には5段階あり、下層の欲求が満たされないと、上層の欲求は生じてこないとする考え方。そして、すでに満足した欲求については、もはや動機付けにはなりにくいと考えるものです。

欲求の段階	内　容	具　体　例
第1段階	生理的欲求	衣食住など
第2段階	安全・安定の欲求	安定した生活がしたい。給与の改善、福利厚生の充実
第3段階	社会的欲求	集団に帰属したい。コミュニケーションへの欲求
第4段階	自我の欲求	名声、地位、尊敬されたい、認められたい。昇任、表彰
第5段階	自己実現の欲求	自己の確立やさらに向上させたい欲求。目標の達成

⑪**マクレガーのX理論、Y理論**
・X理論　人間は本来怠け者で、餌を与えられなければ働かない。また責任を取ることを避け、上司から命令や強制をされたり、罰で脅かされないと努力しないものとする考え方で、これを応用したものが飴と鞭のマネジメントです。
・Y理論　人間は本来仕事が嫌いではない。強制されなくても、自分が決めた目標に向かって努力していくものとする考え方。

⑫**連結ピン**　中間的な管理者である課長、係長などは、上位職と下位職の間に挟まれ、その中にあって上下のコミュニケーションをつなぐ連結ピンの役割を担う立場であることを示します。ただ、上からの命令を下にそのまま伝えるのではなく、自分のことばで部下に説明できるようにすることなどもその一例です。

⑬**マネジメントサイクル**：仕事をP－D－S（プラン、ドゥ、シー）、または、P－D－C－A（プラン、ドゥ、チェック、アクション）というサイクル

を通して管理していこうとする考え方です。計画を立て、それを実行し、評価を加え、修正をして次の計画に生かしていくという流れを作ることで、常に改革・改善をしていく組織が生まれていきます。

(3) 職務関係
①課長職、係長職、主任職の役割
　昇任試験の対象としては、管理職、係長職、主任職が代表的なものです。論文試験の前提としてそれぞれの役割を整理します。

対象	役割	備考
課長職	①課全体の仕事の管理 ②組織の運営 ③職員の指導・育成 ④部長の補佐 ⑤議会対応 ⑥マスコミや外部団体との対応 ⑦職員団体への対応	マスコミ対応や職員団体への対応は、自治体によって違うところもあります。
係長職	①係全体の仕事の管理 ②組織の運営 ③職員の指導・育成 ④課長の補佐	係長は、プレイングマネージャーとして自らも仕事を抱えています。
主任職	①仕事に関する十分な知識、経験を基に、高度な業務の遂行 ②後輩の指導・育成 ③係長の補佐	

②**フォーマルとインフォーマル**　職務上の事柄か職務外の事柄かを示すこと。職員に対して職務上の会議に参加するように命令は出せるが、職務時間外に係の懇親会に出るように強制することはできません。ただ、職員が、家庭で金銭トラブルに巻き込まれるというようなプライベートな事柄であっても、そのことで職務に専念できない状況であれば専門機関につなげたり、アドバイスをするなどの対応が必要となります。

③**自己啓発**　自分の意思で知識・技能を向上させようとする取り組みで、職

務時間外に行われるものです。自治体によって、個人の自己啓発や自主研究グループへの助成制度などを設けているところもあります。

④**アカウンタビリティ**　行政が住民に対して負う説明責任のことです。行政は、住民に対して、政策、施策について、その意義や目的、必要性、成果などを説明する責任があります。

⑤**ＯＪＴとＯff-JT**　ＯＪＴとは、"On the Job Training"の頭文字をとったもので、職務を通じて上司、先輩などから職務上の技術習得などを目指した職場内研修のことをいいます。

　Ｏff-JTとは、"Off the Job Training"の頭文字をとったもので、職務を離れた集合研修などの職場外研修のことを指します。

⑥**モラール**　職員の士気、やる気のことです。リーダーには、モラールの高い職場づくりが求められます。モラル（道徳）と混同していることがあるため要注意です。

⑦**モチベーション**　業務遂行意欲のことで、モチベーションを維持させていくこともリーダーの役目の１つです。以前は、昇給や昇任をさせることでモチベーションを維持するということもありましたが、昇任意欲のない職員も多くなりました。仕事そのものの中でモチベーションをアップさせたり、維持していく必要があります。

⑧**コーチング**　従来型のリーダーシップとは違い、開かれた質問（yes、noで答えられない質問）により、本人に考えさせ、答えを本人から引き出し、それによって本人の自発的な行動につなげていく手法です。

（４）イメージ図

ここでは３枚のイメージ図を用意しました。
　①組織目標と人間関係のイメージ図（217ページ）
　②新たな要望に対応する方法のイメージ図（218ページ）
　③保育園職場の活性化イメージ図（219ページ）
以上の３図ですが、いずれも図が頭の片隅にあると論文作成の際にイメージを膨らませることができると思います。

３つの切り口で、図示したものですが、これらの図のように、ことばで説

明するだけでなくイメージ図を書けるようになると自分自身の発想が広がりますし、また他へ説明する際にも生かすことができると思います。
　それでは個々の図について簡単に説明いたします。
①組織目標と人間関係のイメージ図
　組織には、3要素が必要といわれています。それは組織目標、協働の意欲、コミュニケーションです。まず、係という組織を考えるときに、係の目標に対して、各々がそれらを明確に意識しているか、全員が同じ方向に向かっているのかが問題となります。次に人間関係ですが、係長と係員の関係は一方的に命令をする側と受ける側だけの関係なのか。職員同士は、相互に刺激し合う関係ができているのかという観点で3つのパターンを提示しました。
②新たな要望に対応するイメージ図
　新たな要望が生じたときに組織としてどのような対処法があるのかを図示したものです。
　前提として、職員9人の組織に、3人分の業務量が見込まれる要望が寄せられた場合を想定しております。その場合、どのように対応していくかを図で表したものです。これらの方法以外にも、たとえば、すべて委託に出すということも考えられますが、それでは係として対応したことにはなりませんので割愛しました。これらのイメージを頭に入れつつ、いかに人手をかけずに、創意工夫して対応していくかが求められます。間違っても、論文では、組織変更や単純に人手を増やすという対処法で書いてはなりませんので気を付けてください。
③保育園職場の活性化イメージ図
　保育園職場の活性化イメージ図といたしましたが、きっかけの部分だけ変えると多くの職場に当てはまる点がありますので参考としてください。1つ目の図、問題点や課題を抱えている職場に1つのきっかけから改革をしていこうとするものです。2つ目の図は、外的な要因、ここでは社会的なニーズから職場の活性化を図っていこうとする流れを図示したものです。
　この図により、課題と解決策との関係性がイメージできればよいかと思います。

①組織目標と人間関係のイメージ図

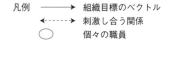

1 活性化されていない職場のイメージ

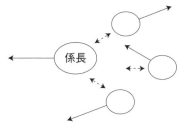

・個々の職員の目標が係長の示す方向に向いていない。
・係長と職員との関係も希薄で、職員同士の関係はほとんどない状態。
・職員が個別の動きをしていて、協働・協力する態勢ができていない。

2 活性化しつつある職場のイメージ

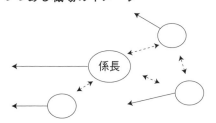

・職員の目標が同じ方向に向かいつつある。
・係長と職員との関係はあり、職員同士でも連携し合う関係が一部にはみられる。

3 活性化し相乗効果が生まれている職場のイメージ

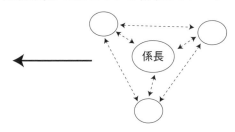

・組織の目標が共有化され、同じ方向に向かって進んでいる。
・係長を中心に、職員同士も刺激し合う良い関係ができている。
・コミュニケーションも良好で、協働・協力しながら仕事が進められている。

② 新たな要望に対応する方法のイメージ図

	組織変更	人員増	組織変更や人員増をしない場合			
			スクラップ＆ビルド	職員の能力向上	職場の活性化	地域との連携
状況説明	組織を変えて新たな要望に対応する。	職員数を増やして、新たな要望に対応する。	不要になった事業を廃止して、新たな要望に対応する施策を入れ替える。	個々の職員の能力を向上させ、新たな要望にも業務に採り入れ対応する。	職場を活性化させ、新たな要望にも、創意や工夫を駆使して対応する。	職員だけでなく、地域の力、NPO、地縁団体などと協働して要望に対応していく。
説明	A係は、9人で9人分の仕事がある職場です。そこに、3人分の必要とする新たな仕事への要望が寄せられている。○が業務量を表す。					
イメージ図	A係(9人) → [要望] 2つの係	A係(9人) → [要望]	A係(9人) → [要望] 廃止	A係(9人) → [要望]	A係(9人) → [要望]	A係(9人) → [要望]
	2つの係に仕事を分けて対応する。それぞれの係で、職務量に余裕がある場合は、3人を増やさずに対応できる場合がある。	職員数を9人から12人に増やす。簡単に対応するが、簡単に人員増が通る状況ではなく、現実的には考えづらい。	現実的には、優先度の低い事業を縮小させるなど、小さな対応で新規の需要に対応できるように組み替える。	一人ひとりが能力を向上させ、対応範囲を拡大させることで、人数を増やさずに要望にも応えられている状態。	職場を活性化させたことで、存在する能力をある程度発揮する職員と混在している中でも要望に対応できている状態。	地域の安全を図ってほしいという要望に対し、資器材の提供や補助金を出すなど、地域でパトロールを行うなどがその例となる。
	○は、1人の業務量を表す。○が拡大したものは、業務対応能力が向上した様子を表す。					

③保育園職場の活性化イメージ図

①職場の活性化　……………職場内部の体質改善

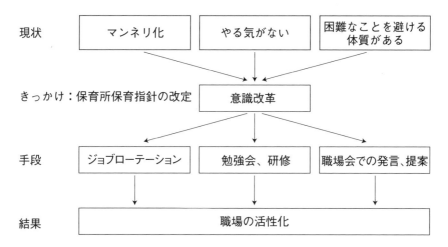

②職場の活性化　……………外部環境の変化を受けての改革

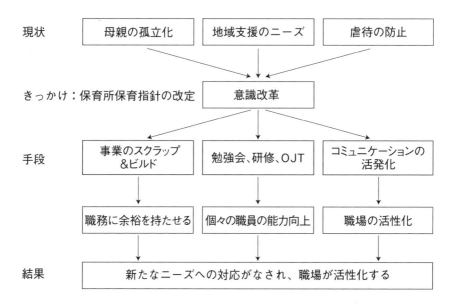

3 過去の出題例

　都人事委員会は、平成21年4月に主任主事論文試験の出題内容を各局に通知しました。同時に出題例も公表されました。本書では、これを過去の出題例として示し、コメントを加えます。

○都人事委員会が公表した出題例

AI類（2題出題して1題選択解答）

1　環境問題に関して、次の（1）、（2）に分けて述べてください。
（1）　環境問題への対応が今なぜ都政には求められているのか、あなたの考える理由を述べてください。
（2）　（1）を踏まえ、環境問題について都が進めるべき取り組みの中からあなたが重要と思うものをあげ、あなたの考えを述べてください。

2　下記の事例について、次の（1）、（2）に分けて述べてください。
「あなたが主任として配属された職場では、事業の遂行にあたって係間の連携・協力が不可欠となっているが、従来からの縦割り意識が強く、お互いに連携・協力して仕事を行っていこうとする機運がみられない」
（1）　仕事におけるチームワークの重要性について、あなたの考えを述べてください。
（2）　（1）を踏まえ、上記事例の職場でどのようなことに取り組んだらよいか、あなたの考えを述べてください。

解説　1は、いわゆる課題ものです。（1）の問いに答えるためには、環境問題という課題に対する基本的な知識が必要です。環境問題は、今や世界的な課題ではありますが、なぜそれが都に求められるかという点で、世界・日本という広い視点と、都という視点とを併せ持って、その理由を答えていきたいものです。
　また、（2）は、問題文での指示通り、（1）を踏まえて答える必要があります。こ

の場合、「都が進めるべき取り組みの中」から「あなたが重要と思うものをあげ」と親切に指示されていますので、その指示に従って答えていきます。

まず、都が取り組もうとしている計画や事業ないし現在取り組んでいる事業等の中から、具体的な事例を挙げ、その意義や評価などを述べていきます。さらに、推進していけるよう自分の意見やさらなる施策などを加え、積極的な論述をしていきます。現行の施策に加え、実現可能性のある建設的な意見が入れば高い評価を受けられることと思います。

注意点としては、（1）を踏まえることを忘れないことです。都としてなぜ行うのかと聞いた後に（2）の問いが来ておりますので、（2）では、**都の目標、理由にふさわしい施策なのかという視点を忘れずに書く**ことです。

2は、「管理もの」「職場もの」といわれるものです。実務直結型の問題として、事例問題を採用したのかと思います。都人事委員会試験室も、「職場での今日的な課題について試験会場で考えることを求め、実践的な力を問いたい」と出題の趣旨を述べております。

ただし、この試験室の話を鵜呑みにはできません。当日何の準備もせず、「管理もの」「職場もの」だからといって簡単に書けるものではありません。問いの（1）でも、「チームワークの重要性」をまず述べさせています。本書の「論文作成に必須の管理理論等」のところに組織の3要素と合わせてチームワークについても触れておりますので参考にしてください。

2の（1）は、当然ながらチームワークの意味を分かった上で、その重要性を述べますが、単なる一般論として述べるだけでなく、**論者の実体験**なども織り交ぜ述べることです。

また、（2）は事例に即して現実の職場で、主任の立場でどのように実態を分析し、解決に導いていけるかを述べていきます。事例式ですので、具体性があること、現実的であること、実現可能性が高いこと、新たな視点も折り込まれていることなどが求められます。現場においても、本書の**課題と解決策表を簡単に**作って、**論じていけば漏れなく書ける**はずです。この部分は、実務経験や主任としての実力が出るところですが、前提にはやはり一定の知識が必要です。チームワークのほかにも、モラール、組織目標、コミュニケーションなど事例で問われそうなことがらに対する知識の整理をしておく必要があります。

誰でも身につく　昇任試験論文の書き方〈第1次改訂版〉

|2009年　7月 6日　初版発行
2015年　8月25日　9刷発行
2016年　7月25日　第1次改訂版発行
2021年　12月 1日　5刷発行

著　者　地方公務員昇任試験問題研究会
発行者　佐久間　重嘉
発行所　学陽書房

〒102-0072　東京都千代田区飯田橋1-9-3
　営業／電話　03-3261-1111　FAX　03-5211-3300
　編集／電話　03-3261-1112　FAX　03-5211-3301
　http://www.gakuyo.co.jp/

DTP制作／みどり工芸社　印刷・製本／三省堂印刷
©地方公務員昇任試験問題研究会 2016, Printed in Japan

ISBN978-4-313-21074-5 C2032
乱丁・落丁本は、送料小社負担にてお取り替えいたします。

〔頻出ランク付昇任試験シリーズ〕
論文試験101問　第4次改訂版
地方公務員昇任試験問題研究会　著

自治体昇任試験の頻出テーマ101の模範論文を掲載。職場管理のあり方、少子化対策、観光振興、東京オリンピックなど自治体行政や自治体の現場が直面している課題を網羅。

　　　　　　　四六判並製　224頁　定価 2200円（10%税込）

昇任試験　合格論文の絶対ルール
地方公務員論文研究会　編著

自治体の昇任試験論文を書く際に必須の、外してはいけないポイント、課題と対応策、そして実際の完成論文例をワンセットにして、試験前におさえておきたい45のテーマをまとめた論文試験対策本！

　　　　　　　Ａ５判並製　208頁　定価 2420円（10%税込）

採点ポイントがよくわかる！
昇任試験論文のすごい書き方
地方公務員昇任論文研究会　著

合格論文を書くためには、出題者の意図、採点ポイント、採点方法を知ることが一番の近道！　昇任試験の採点ポイントを熟知した著者が、本試験で合格論文を書くためのテクニック、技術的な書き方のポイントを紹介！

　　　　　　　Ａ５判並製　176頁　定価 2420円（10%税込）